"En España siempre hubo libertad de ingenio,
o por gravedad, o por nativa cólera de la nación,
que no por falta de ingenios".

(Baltasar Gracián, *Agudeza y arte de ingenio*)

"He procurado juntar lo seco de la filosofía
con lo entretenido de la invención,
lo picante de la sátira con lo dulce de la épica".

(Baltasar Gracián, *El Criticón, Primera parte*)

BALTASAR GRACIÁN
O LA LIBERTAD DE INGENIO

Aurora Egido

Institución Fernando el Católico
Excma. Diputación de Zaragoza

2025

Publicación número 4094
de la Institución Fernando el Católico,
Organismo autónomo de la Excma. Diputación de Zaragoza,
plaza de España, 2, 50071 Zaragoza (España)
tels.: [34] 976 288 878 / 976 288 879
ifc@dpz.es
http://ifc.dpz.es

Portada: Pedro Pablo Rubens, "Alegoría de la Prudencia" (*circa* 1630)

ISBN: 978-84-9911-749-2
DEPÓSITO LEGAL: Z 856-2025
PREIMPRESIÓN: Ebro Composición, S. L. Zaragoza.
IMPRESIÓN: Solana e Hijos Artes Gráficas, S.A.U. Madrid

IMPRESO EN ESPAÑA-UNIÓN EUROPEA

ÍNDICE

LIMINAR

Las obras de Baltasar Gracián supusieron un camino de sabiduría cifrado en el estudio y en la aplicación de las Humanidades al decurso vital, entendidas estas como la mejor manera de luchar contra las miserias humanas. Su dignidad, íntimamente ligada a la dignidad del hombre, se consolidó a través de la redención de los clásicos propiciada por el Humanismo. Ese programa educativo sufrió sin embargo numerosos cambios gracias a la evolución de los estudios de gramática, retórica, dialéctica, poesía, historia y filosofía moral, que, junto a las demás ciencias, conformaron, por decirlo con un título de Eugenio Garín, la revolución cultural del Renacimiento frente al dominio de la Escolástica.

La etapa que desde finales del siglo XIX denominamos Barroco, aunque acabó, en buena parte, con el sueño del Humanismo, siguió sin embargo sus presupuestos, transformándolos y adaptándolos a la ocasión, tantas veces glosada por el jesuita aragonés, a tenor de las circunstancias históricas y culturales.

Como quiera que la *humanitas* era una forma de civilización, se fomentó un ideal educativo basado en los Estudios Humanísticos, que Gracián incorporó al conjunto de sus tratados morales y políticos, interpretándolos a nueva luz, además de someterlos a la prueba de la realidad vivida por los protagonistas de *El Criticón*. La obra no solo ofrecía un epítome de los saberes, sino una visión crítica y desengañada del mundo y de la cultura a través de un lenguaje conceptual cargado de las agudezas que él mismo había tratado teóricamente y usado con anterioridad.

Su contenido dibujaba de forma alegórica la batalla interior entre vicios y virtudes a través de una larga peregrinación en busca de la inmortalidad, tan plagada de prodigios y maravillas como de monstruos. A su vez, *El Comulgatorio* recogería las delicias ascéticas y místicas de la unión, aplicándolas a la tradición de la Eucaristía como presencia real de la divinidad, siguiendo la corriente alegórica asentada por los autos sacramentales.

Desde su primera obra, *El Héroe*, Gracián dio constantes muestras de una singular voluntad de estilo ingenioso, que era, sin embargo, inseparable de su carga conceptual. Pero, más allá de presupuestos teóricos, tendió a mostrar sus ideas en la práctica a la hora de configurar, en ese y en sus demás tratados, el modelo de los verdaderos héroes, políticos y discretos, que, a la zaga de la prudencia, conformarían un nuevo arte de ser persona.

Esa sabiduría prudente, sacada del juicio y de la experiencia, conformó una filosofía moral más mundana que religiosa, aunque el jesuita se mantuviera dentro de la ortodoxia. En sus alegorías, situó a la Teología en un lugar preeminente, pero mucho más reducido que el ocupado y desarrollado por la Filosofía y el resto de las disciplinas. En ese sentido, siguió la tradición simbólica de las artes liberales, que, durante siglos, se personificaron en distintas figuras femeninas.

Siglos antes de que Galdós describiera en *La conjuración de las palabras* el edificio laberíntico de la Gramática, Juan de Mena ya la había dibujado a través de una metáfora continuada, que además ponía en tela de juicio tanto los falsos saberes como los vicios, al igual que lo haría posteriormente a su modo Baltasar Gracián. Este recogió el simbolismo con el que se habían construido las torres y palacios habitados por los saberes, en los que la Gramática, custodia del lenguaje, tenía siempre la llave para que pudieran acceder a ellos quienes la cultivaran. Esta ocupó también el primer puesto en el desfile de las Buenas Letras, abriendo paso a la Filosofía, la Retórica, la Dialéctica, la Retórica y las demás artes liberales. Y aunque el jesuita arremetiera contra los gramáticos, tuvo siempre presente las infinitas posibilidades que ofrecía la llave del lenguaje, lo que derivó en la consideración apuntada en

El Discreto, donde Gracián consideró que "las lenguas son las llaves del mundo".

El poder de la Gramática, patente en sus figuraciones simbólicas como maestra, lo aseguraban también las alegorías, que la mostraban como jardinera regando las numerosas ramas del árbol de la ciencia. El jesuita aragonés sin embargo dio la vuelta a ese tópico en *El Criticón,* donde transformó las hojas de los libros en plantas a las que aplicaba un simbolismo específico según su contenido.

La humanización y hasta vegetalización de las artes liberales se amplió considerablemente en esa obra, donde brillaron también los espacios ocupados por Artemia, Sofisbella, Virtelia y Honoria, que recogerían, en buena parte, la tradición simbólica con la que Tibaldi pintó los imponentes frescos que coronan la bóveda de la biblioteca del Monasterio del Escorial. Como señaló en 1605 con todo detalle el jerónimo fray José de Sigüenza al describirla, esta siguió un programa iconográfico en el que la Teología y la Filosofía presidían a las demás artes bajo los opuestos entre *Veritas* y *Falsitas,* siempre presentes en las alegorías gracianas. Estas se llenarían de antítesis y paradojas, que mostraban la doble cara de un mundo lleno de monstruosidades y poblado de hombres acuciados por el engaño y el desengaño.

Por otro lado, Gracián había transformado ya en sus tratados el epitalamio surgido de *Las bodas de Filología y Mercurio* de Marciano Capella, al crear las que el Arte y el Ingenio celebran en su *Agudeza.* Gracias a ello, generó un sinfín de conceptos, que sometería a la crisis juiciosa o a la mordiente satírica y burlesca. Él analizó y utilizó prácticamente todos los géneros literarios de su tiempo, haciendo epítome de ellos a través de una nueva invención que trastocaba tanto el fondo como la forma.

Gracián no se decantó, en realidad, por ninguna disciplina en concreto, sino que abogó por "una perfecta universalidad" que lo abarcara todo. De ahí que el estudio de su obra, como señalamos en las páginas que siguen, haya de plantearse desde las perspectivas literarias, históricas y filosóficas más diversas y con una clara proyección universal.

Fiel al dictado senequista de la imitación compuesta, Gracián se sirvió de todas las artes liberales poniéndolas al servicio de la Filosofía moral, que consideró sinónima de la felicidad última. Esta no se puede separar sin embargo del resto de las disciplinas que conformaron la arquitectura y la *arquitextura* de sus obras, con las que pretendió alcanzar la excelencia tanto en el plano conceptual como en el literario y lingüístico. Ello implicaba encadenar a los lectores con una trenzadera semejante a la de la "Alegoría de la Elocuencia" dibujada por Durero en 1514 con la que Hércules arrastraba a quienes lo escuchaban. Pero no se olvidó, sin embargo, de desarrollar un amplio fondo conceptual, cuya filosofía moral debía aplicar cada uno por sí mismo en el diario vivir.

Vaya mi sincero agradecimiento a Luis Sánchez Laílla por sus acertadas observaciones sobre los trabajos y los días de Baltasar Gracián. Ojalá que este bosquejo sirva para picar el gusto por la lectura y relectura de sus obras, pues, como él decía, "Nacemos para saber y sabernos, y los libros con fidelidad nos hacen personas".

Aurora Egido
(Directora de la Cátedra "Baltasar Gracián",
de la Institución Fernando el Católico)

1. LOS DÍAS DE BALTASAR GRACIÁN Y MORALES
(1601-1658)

Baltasar Gracián y Morales (Belmonte, 1601-Tarazona, 1658) alcanzó paradójicamente la universalidad de sus obras a lo largo de una vida de recorrido limitado, vinculada al reino de Aragón y, en menor medida, al de Castilla, por los años de juventud pasados en Toledo y sus posteriores viajes y estancias en Madrid. Ello no le impidió alcanzar una gran cultura, gracias a la educación recibida en los colegios de la Compañía de Jesús, donde ingresó y ejerció de confesor y maestro, así como por el contacto con escritores, mecenas y editores, que, además de abrirle sus bibliotecas y museos, le permitieron publicar sus obras. Estas dieron fe de un sinfín de lecturas, que trasladó al ejercicio senequista de la imitación compuesta, consistente en imitar a las abejas, libando en los autores más diversos para así elaborar su propia miel escrituraria.

A ese respecto, el jesuita aragonés expresaría el deseo de una biblioteca selecta, "pasto del alma", con la que se anticipó a la idea del paraíso soñado por Borges, basado en las que él frecuentó y que amplió con la lectura de otros libros que conoció de forma directa o indirecta. Estos y las noticias recibidas a través de las relaciones entre los colegios de la Compañía de Jesús en Europa, América y Asia suplieron sus carencias vitales, resultando asombroso que estuviera al día de cuanto acontecía en su tiempo. A ello ayudó sin duda la correspondencia mantenida con mecenas y escritores, que le escribieron desde Madrid, Valencia y otros lugares.

Hijo del infanzón Francisco Gracián Garcés y de su segunda mujer Ángela Morales Torrellas, Baltasar Gracián y Morales fue bautizado el ocho de enero de 1601 en la iglesia de San Miguel de Belmonte, una pequeña aldea donde su padre ejercía de médico. Es posible sin embargo que naciese dos días antes, en la Epifanía, por la que recibió el nombre. La familia se trasladó a la cercana Ateca en 1602 y, tras el fallecimiento del padre en 1620, a Calatayud, donde vivió su madre hasta su muerte en

1642. De los seis hermanos de Baltasar Gracián, fruto del matrimonio de Francisco y Ángela, cinco ingresaron en diversas órdenes religiosas y fueron alabados por él en su *Agudeza y arte de ingenio*.

En Ateca y Calatayud, la antigua Bílbilis, patria de Marcial, que Gracián hizo suya, tuvo acceso a una educación basada en el estudio de la gramática y de las artes, que se completó en Toledo, donde pasó dos años al cuidado de su tío Antonio Gracián, capellán de la iglesia de San Pedro de los Reyes. Posteriormente adquiriría conocimientos sobre otras disciplinas en los distintos colegios jesuíticos por los que pasó. Dentro de ese arco humanístico, adquirió también conocimientos de numismática y arqueología en Calatayud, gracias a su maestro el padre Jerónimo García, amigo del mecenas oscense Vincencio Juan de Lastanosa y de otros anticuarios aragoneses con los que mantendría relación en el futuro, como veremos.

Dos cursos de filosofía en Calatayud y cuatro de teología en Zaragoza le eximieron de pasar tres años en su periodo formativo en la Compañía de Jesús, a la que accedió tras superar dos pruebas de limpieza de sangre con las que se confirmó que no era descendiente de judíos ni de moriscos. Gracián ingresó como novicio en el colegio jesuítico de Tarragona, donde permaneció entre 1619 y 1621, pasando posteriormente a los de Calatayud (1621-3) y Zaragoza (1623), donde fue ordenado sacerdote en 1627. Ese año volvió de nuevo a Calatayud y allí permaneció hasta 1630 en calidad de maestro de gramática y retórica.

Después de año y medio en Valencia y dos en Lérida, enseñando teología moral y filosofía, el jesuita aragonés enseñó de nuevo filosofía en el colegio de Gandía, que tenía título de universidad desde su fundación por san Francisco de Borja, merced a la bula otorgada por Paulo III en 1547. Ello le permitió disfrutar, entre 1633 y 1635, de una biblioteca bien abastecida, que le serviría sin duda para la elaboración de *El Héroe,* y allí profesó en 1634. Sus alabanzas a los duques de Gandía, Francisco Pascual de Borja y Artemisa Doria y Colonna en *El Discreto* son, sin duda, testimonio de una etapa que Gracián consideró fructífera.

Su traslado a Huesca en 1636, donde permaneció hasta 1639, supondría un gran cambio en su vida como escritor, al igual que ocurrió en su segunda estancia, pues allí tuvo la posibilidad de frecuentar la casa-museo de Vincencio Juan de Lastanosa y estar en contacto con otros escritores y eruditos, algunos pertenecientes a su universidad. Además, cerca del colegio oscense de los jesuitas, estaba la imprenta de Juan Nogués, que le facilitaría la publicación de algunas de sus obras. Huesca contaba con una casa de comedias y con colegios regentados por distintas órdenes religiosas, pero sobre todo con la Universidad Sertoriana, cuyo nombre recordaba las escuelas fundadas por Sertorio en la antigua Osca.

A partir de su primera estancia en Huesca, Gracián se trasladó a Zaragoza, desde donde viajó a Madrid y a Navarra, pasando al colegio de Tarragona en 1642, ciudad en la que permaneció cuando fue sitiada por el ejército francés en 1644. A la estancia en Valencia entre 1644-5, sobre la que volveremos, le sucedió una vuelta a Huesca desde 1645 a 1649 y otra a Zaragoza en 1651, donde ejerció como profesor de Sagradas Escrituras.

Digna de destacar es su participación en la Guerra de Cataluña, dado que formó parte del socorro de Lérida el 21 de noviembre de 1646, como capellán castrense del ejército al mando del marqués de Leganés. En su *Relación del Socorro de Lérida,* que editó Samuel Gili Gaya en 1950, el jesuita dio cuenta de su asistencia religiosa a los soldados, mostrándose orgulloso de haber sido nombrado, por ello, Padre de la Victoria.

De semejante trasiego, que terminaría en su triste destierro a Graus y a Tarazona, se deduce una vida de constantes cambios y avatares, inserta en la política fedataria de las provincias que conformaban la Corona de Aragón, por un lado, y, por otro, en el contacto directo con los eruditos de Huesca, Zaragoza y, en menor medida, de Madrid. Los anales de la Compañía de Jesús ofrecen abundantes disidencias entre los jesuitas de las distintas provincias, que, como señaló Miguel Batllori, se reflejaron en las obras de Baltasar Gracián.

Este vivió como escritor al margen de sus superiores al sacar sus libros sin los permisos y censuras obligatorios, salvo en el caso de *Arte de ingenio* y de *El Comulgatorio*. Todo ello lo palió sin embargo gracias a la amistad de nobles, eruditos y libreros que le protegieron y le ayudaron a la hora de publicar sus obras. El hecho de que, a su muerte, se destruyera su correspondencia nos ha privado de conocer en profundidad el trasiego de su vida y los problemas que tuvo y mantuvo con sus superiores, aunque muchos de ellos también le protegieran hasta el final de sus días.

El nombre de su hermano, el infanzón Lorenzo Gracián, trece años menor que él y casado en 1636 con Francisca Salabert, una mujer de familia noble emparentada con los condes de Aranda, le serviría, a partir de 1637, para encubrir la autoría de casi todos sus libros y escapar al riguroso y lento control editorial de los jesuitas. Estos fueron conocedores de tal subterfugio desde la aparición de *El Héroe* en 1637, como muestran las advertencias y admoniciones de sus superiores a partir de 1638. No obstante, algunos de sus coetáneos, incluidos los franceses, tuvieron noticia de que Baltasar Gracián era el autor de las obras que andaban a nombre de Lorenzo Gracián.

Así lo consignaron posteriormente tanto Nicolás Antonio en su *Bibliotheca Hispana Nova* (Madrid, Joaquín de Ibarra, 1783-1788), como Augustin y Alois Becker, en su *Bibliothèque des Écrivains de la Compagnie de Jésus* (Liège, Grandmont-Dondiers, 1854). A ello cabe añadir, como luego veremos, que algunas de las traducciones al francés de sus obras en el siglo XVII se publicaron ya a nombre de Baltasar Gracián. Pero fue Belén Boloqui quien, en sus trabajos de 1985 y 1989, desveló, con abundantes datos de archivo, el entorno familiar y la verdadera identidad del infanzón Lorenzo Gracián, hermano de Baltasar Gracián, que figuraba en la portada de sus libros.

Educado en los principios de la *Ratio Studiorum*, sus obras no pueden explicarse sin su paso por los colegios jesuíticos de Calatayud, Zaragoza, Tarragona, Gandía, Valencia, Huesca, Lérida, Graus y Tarazona, como discípulo primero y luego como maestro, sin olvidar sus contactos con el prestigioso Colegio Imperial de Madrid, regentado por la Compañía de Jesús. Al abrigo de sus bibliotecas y de otras privadas, Baltasar Gracián publicó diversos tratados de raíz humanística entre 1637 y 1648, a los que nos referiremos, aparte de *El Comulgatorio* (1655), un libro de carácter religioso y el único que prohijó con su auténtico nombre.

En 1651, 1653 y 1657, salieron las tres partes de su obra magna, *El Criticón*; una alegoría con la que cerró el curso y el discurso de su vida y que, por su contenido, empañó aún más su relación con algunos superiores de la Compañía de Jesús, como el general Goswin Nickel. Aunque contase entonces con el apoyo de otros de sus miembros, lo cierto es que, a causa de esos tres libros, Gracián fue reprehendido públicamente, desposeído de su cargo de profesor de Escritura en Zaragoza, condenado a pan y agua, y obligado a no seguir escribiendo. Desterrado primero al colegio de Graus por orden de los padres Nickel y Piquer, fue parcialmente rehabilitado y trasladado al colegio de Tarazona como consultor y prefecto. Allí le llegó la muerte un 6 de diciembre de 1658, siendo enterrados sus restos en el osario común de la iglesia de San Francisco Mártir, perteneciente al colegio de los jesuitas.

UNA EDUCACIÓN RELIGIOSA Y HUMANÍSTICA

La *Ratio et Institutio Studiorum* de 1599, que había sido impulsada en 1584 por el napolitano Claudio Acquaviva, recogió los programas humanísticos anteriores, relativos a la gramática, la filosofía moral, la historia y la teología. La Compañía de Jesús propició, en sus colegios de Europa, América y Asia, una educación basada fundamentalmente en Aristóteles y en la *Summa Teologica* de santo Tomás de Aquino. La parte especulativa se fundió, en ella, con un alto sentido práctico, basado en la lectura de los clásicos grecolatinos, analizados desde una perspectiva cristiana. A su vez, los estudios de retórica y poética siguieron fundamentalmente los modelos establecidos por Cicerón y Quintiliano, marcados, en buena parte, por la pauta aristotélica. En ese contexto histórico, representado por el paso del siglo XVI al XVII, la Compañía de Jesús trasladó la *imitatio* renacentista a los presupuestos de la *inventio*, que Gracián seguiría libremente en sus obras.

La clave de la *Societas Iesu*, controvertida inicialmente por la exclusividad con la que Ignacio de Loyola seleccionó a sus miembros, se basó en un "Hacerse a todos en todo" como símbolo de un solo cuerpo puesto al servicio de la religión católica. Esta había acompañado al imperio español desde la época de los Reyes Católicos y de Carlos V, al igual que el uso del latín y del castellano en las tareas docentes. Su extensión posterior propiciaría aún más el contacto con otras lenguas y culturas europeas, al igual que ocurrió en los colegios de América y Asia con sus lenguas autóctonas. Gracián acrisolaría todo ello en el sintagma "las lenguas son las llaves del mundo", modernizando la clásica imagen alegórica de la Gramática, que, como dijimos, llevaba tradicionalmente una llave en la mano para poder abrir la puerta que conducía al palacio de las Humanidades.

A lo largo del siglo XVII hubo cerca de una treintena de colegios en la provincia jesuítica de Aragón, coincidente con los territorios de la corona del mismo nombre y que conformaban Cataluña, Valencia, Baleares y Aragón. Su historia abunda en las tensiones habidas con los colegios universitarios y otras instituciones de las ciudades en las que se implantaron. La provincia aragonesa tenía además asignados los colegios de Chile, Argentina, Uruguay, Paraguay y Filipinas, aparte de una estrecha conexión con Italia. Todo ello fue fruto de una concepción universalista de la Compañía de Jesús, que extendió su dominio educativo por Europa, América y Asia; perspectiva, esta, que pesaría en las obras de Baltasar Gracián y particularmente en el itinerario, desde Asia a Europa, emprendido por Andrenio y Critilo en *El Criticón*.

La enseñanza jesuítica se basaba en el estudio de las autoridades clásicas, la aplicación de las disciplinas, la emulación y la acción. Ello favoreció la lucha entre bandos de los alumnos, divididos de diez en diez como pequeños ejércitos, que trasladaban al plano educativo el heroísmo militar, lo que les proporcionaba reconocimientos y premios. La *Ratio Studiorum* propició constantes debates en los colegios que regentaba la Compañía por el ancho mundo para formar a sus discípulos en el uso del *ornatus*, el *aptum* y otros recursos retóricos. La reverencia al maestro se combinó con la participación de los estudiantes en las *praelectiones* y lecciones, que no solo se proyectaban en la adquisición de conocimientos, sino en la práctica de los *Ejercicios Espirituales* ignacianos y de los sacramentos, así como en las congregaciones marianas, las academias extraescolares y el teatro.

Las representaciones dramáticas de los colegios jesuíticos serían fundamentales en la trayectoria posterior de algunos de sus alumnos, como Lope de Vega, Francisco de Quevedo y Pedro Calderón de la Barca, quien trasladó las alegorías de su teatro a los autos sacramentales, al igual que, de otro modo, hizo Gracián en *El Criticón*. La perspectiva religiosa y moral, basada en la batalla entre vicios y virtudes, fue fundamental en esas y otras prácticas escolares. En ese sentido, cabe recordar la alegoría *Obrar es durar*, representada en el Colegio Imperial de la Compañía de Jesús, donde aparecían triunfantes los personajes de Ingenio y Prudencia junto al Valor, el Culto y el Estudio.

La relación de Gracián con el teatro jesuítico merecería consideración detenida, como ocurre con la obra de Jerónimo Román de la Higuera, *Novum ver (nueva primavera)*, recientemente editada por Miguel Betti, que ofrece curiosas semejanzas con *El Criticón* del jesuita aragonés, aunque desde una perspectiva netamente religiosa. Me refiero al uso de figuras alegóricas, como el Ingenio; un personaje fundamental, que hace de grumete en el barco simbólico por el que navegan los protagonistas de la obra al puerto de María.

Recordemos también que Cervantes elogió en el *Coloquio de los perros*, por boca de Cipión y Berganza, las enseñanzas de la Compañía de Jesús, que combinaban letras y virtud, y ejercitaban, en la práctica, la memoria, la prudencia y la humildad. Durante el siglo XVII, la Compañía de Jesús, además del estudio de las Humanidades, fomentó el de otras disciplinas, como las matemáticas, la geografía, la historia natural y las ciencias. Ese fondo cultural y vital sería decisivo en las obras del jesuita aragonés, que sin embargo se distanciaría de la perspectiva religiosa en casi todas sus obras.

En ese sentido, la obra de Gracián, que discurrió de forma ortodoxa, no dejaba de chocar sin embargo con una tradición religiosa, al inclinarse del lado de la filosofía moral y no de la teología, excepción hecha de su *Comulgatorio*. La educación jesuítica siguió una *paideía* moral y ascética, muy semejante a la que Clemente de Alejandría propuso en los tres libros de *El pedagogo*, bajo la égida de un Logos-Jesucristo, que exhortaba a cumplir el modelo de vida cristiana.

Enfrentamientos y censuras

Dos retratos póstumos muy diferentes de Baltasar Gracián, uno más risueño conservado en Graus y otro más melancólico en Calatayud, ofrecen las dos caras de Jano de un autor cuya vida puede leerse también a dos luces en lo religioso y en lo profano. Pues hablamos de un jesuita que ejercía diariamente como tal, siendo a lo largo de su vida confesor y predicador, además de profesor de gramática, filosofía moral, teología y Sagradas Escrituras, pero que publicó sin embargo a lo profano sus obras, con la excepción susodicha de *El Comulgatorio*. Todo ello y algunas de sus actitudes le convertirían en "cruz de sus superiores", si tenemos en cuenta además que protegió en 1638 y 1639 a un jesuita que había tenido relaciones con mujeres, así como al hijo de otro religioso que había sido exclaustrado por ello. Pero sus mayores enfrentamientos los tuvo con los jesuitas de Valencia, donde se atrevió a prometer en un sermón que leería una carta recibida del infierno, aunque luego tuviera que retractarse de semejante recurso retórico.

El mal recuerdo de ese y otros enfrentamientos con sus hermanos de religión dejaría una huella evidente en *El Criticón*, donde atacaría fieramente a muchas regiones y en particular a Valencia, lo que desataría la publicación de un libelo contra él, titulado *Crítica de Reflección y Censura de las censuras. Fantasía apologética y moral* (Valencia, Bernardo Nogués, 1658) de Sancho Terzón y Muela. Ese nombre era, sin embargo, un anagrama del jurista Lorenzo Matheu y Sanz, como señaló en sus días el padre Goswin Nickel, quien desechó que esa obra fuera del jesuita Pablo Albiniano de Rajas, con quien Gracián había tenido desavenencias en su etapa valenciana. La crítica ha abundado en el tema afirmando la autoridad indiscutible de Matheu y Sanz, pero sin desestimar la posible intervención del padre Rajas.

El autor de la *Crítica de reflección* pretendió no solo rivalizar con el estilo del jesuita aragonés utilizando muchos de sus recursos, sino que atacó *El Criticón* en todos los planos, desde el retórico y filosófico-moral, al político y teológico, pasando también al personal. El peregrinaje de Andrenio y Critilo desde la isla de Santa Elena a la isla de la Inmortalidad en *El Criticón* quedaba puesto en la picota por sus incongruencias narrativas y por las transgresiones elocutivas, gramaticales y conceptuales de su autor. De este, se denunciaba su falta de religiosidad y su moral, así como su escaso conocimiento de los clásicos y su deuda para con Traiano Boccalini, John Barclay o Francisco de Quevedo, a quien Gracián se había atrevido a minusvalorar.

Aunque parece indudable el resquemor del autor o autores de la *Crítica de reflección* contra las opiniones vertidas por Gracián contra Valencia, también es cierto que estas deben incardinarse en un conjunto alegórico más amplio, pues la sátira de ciudades alcanzó en *El Criticón* a muchos otros lugares, incluidos Madrid o Roma. Y hasta es posible, como señaló Benito Pelegrín, que las críticas vertidas en el "Yermo de Hipocrinda" aludieran al espacio jansenista de Port-Royal.

El supuesto antivalencianismo del jesuita aragonés se sintió como tal años más tarde en las *Solenes fiestas que celebró Valencia a la inmaculada concepción de la Virgen María* (Valencia, Gerónimo Vilagrasa, 1663) de Juan Bautista de Valda. Esa obra, al igual que la anterior *Crítica de reflección*, han de situarse en las coordenadas históricas de la época relacionadas con la posición centralista de sus autores, frente a la defensa foral aragonesa llevada a cabo por Baltasar Gracián. Las *Solenes fiestas* de Valda, como las críticas de Matheu y Sanz en la *Crítica de reflección*, conformaban además una *laus urbis* en toda regla, que ensalzaba la historia de Valencia, su rico santoral y la amplia presencia en ella de órdenes religiosas. A ese catálogo de bondades, se añadió una larga lista de teólogos, científicos y literatos con la que se pretendía sumir en la sombra y en el olvido al jesuita aragonés.

La sátira inherente a la *Crítica de reflección* discurrió bajo el subterfugio de un tribunal formado por cuatro profesores de la Universidad de Salamanca que atacaban ferozmente *El Criticón*, sometiendo a su autor a un juicio implacable. Este aparecía como un hombrecillo ruin, flaco y lleno de taras físicas y morales, lo que pudo amargar los últimos meses de Gracián, si es que llegó a leer ese libelo, donde se le daba ya por muerto. Téngase en cuenta que este se publicó en abril de 1658 y el jesuita falleció en el mes de diciembre.

No obstante, la *Crítica de reflección* no deja de tener cierto interés, pues el feroz escrutinio que hace de las obras del jesuita aragonés, desde una ladera totalmente opuesta a la suya, arroja una evidente luz sobre la novedad y el atrevimiento que, en cuestiones morales y políticas, representaba *El Criticón* para los lectores de su tiempo. En su conjunto, la sátira de Matheu y Sanz destaca también como una muestra más de las batallas emprendidas por los autores españoles del Siglo de Oro, que cubrían con los más altos recursos elocutivos las miserias humanas a la hora de satirizar y rebajar las obras enemigas.

Cabe señalar también que, como muestran los anales de la Compañía Jesús, Baltasar Gracián tuvo a lo largo de su vida no pocos enfrentamientos con sus superiores, que lo acusaban del poco fruto de sus estudios y trabajos o denunciaban su trato con amigos seglares. Siguiendo los predicamentos de la época sobre la complexión y el temperamento, Gracián aparece en los archivos de los jesuitas con un perfil tan variado como las circunstancias que le tocó vivir. Así, no deja de ser curioso que aparezca como colérico y sanguíneo en Zaragoza, cuando tenía 24 años, y que, en su estancia leridana entre 1631-3, se le diagnostique un humor psicosomático bilioso y sanguíneo. Sin olvidar que la cólera reaparece documentada en Zaragoza en 1651 y 1658, combinada con el humor melancólico, que siempre se ha vinculado a una rica tradición literaria y artística.

En ese aspecto, no parece arbitrario recordar algunos hitos significativos sobre el asunto, pero teniendo en cuenta la perspectiva satírica que Gracián tuvo sin embargo sobre los médicos, a pesar de ser hijo de uno de ellos, así como de la medicina en general. Recordemos que *L'Anatomia della malinconia*, iniciada por Robert Burton en 1621 y ampliada en posteriores ediciones, ofreció, a la luz de numerosas fuentes -desde Aristóteles e Hipócrates a Athanius Kircher-, un análisis profundo sobre una enfermedad vinculada a la *miseria hominis*, a la soledad y a la esclavitud de las pasiones. Pero la melancolía también se acogió a la doble faz que la risa y el llanto habían encarnado durante siglos, respectivamente con Demócrito y Heráclito. Burton se escondió sobre todo bajo la máscara de este último, al igual que haría más tarde Gracián, mostrando una lectura atenta de los epigramas de Marcial, Horacio y Persio, así como de las *Cartas a Lucilio*, los *Diálogos morales* y la *Apocolocyntosis* de Séneca.

La perspectiva satírica de Burton, unida al principio de la variedad y al de la duda, se asemeja a muchos de los presupuestos de Gracián, aunque este los trasladara, elocutiva y conceptualmente, de forma muy distinta. A la sombra de los tratados sobre la bilis negra, presentes en san Agustín, el *Secretum* de Petrarca y el *Examen de ingenios para las ciencias* (Baeza, Juan Baptista de Montoya, 1575) de Huarte de San Juan, Burton elaboró un tratado que reflejaba las dos caras, positiva y negativa, de esa enfermedad, caracterizando a los españoles, como era habitual, por su ingenio melancólico. En ese sentido, Gracián, al igual que tantos otros escritores de su tiempo, vinculó, en sus obras, la teoría de los humores no solo a las edades del hombre, sino a las naciones del mundo, glosándolas ampliamente en *El Criticón*.

La relación de *L´Anatomia della malinconia* de Burton con las obras de Jerónimo Nadal, Juan de Mariana, Diego Ortúñez de Calahorra, Domingo de Soto y Francisco Suárez, algunos de ellos jesuitas, confirma el amplio espectro que esa enfermedad saturniana del alma ocupó en la Europa de los siglos XVI y XVII, tanto en la literatura como en el arte. La obra de Huarte de San Juan, sustentada en la fisiología, la biología y la psicología, y cuya proyección llegaría hasta el premio Nobel de Medicina Santiago Ramón y Cajal, ofreció al jesuita aragonés una perspectiva muy distinta a la propiciada por la metafísica, sostenida en su tiempo por la Iglesia.

A este respecto, resulta curioso comprobar, como ha señalado Felice Gambin, las huellas de esa tradición médica y filosófica, surgida de Luis Vives, Furió Ceriol, Pedro Mercado o Alonso Freylas y, en particular, la primacía de *El libro de la melancholía* de Andrés Velásquez o Velázquez, publicado en Sevilla, 1585, que se adelantó al tratado de Burton y a otros muchos sobre el tema. Pero, al margen de las obras sobre la acedia, cabe considerar el uso y la aplicación de la melancolía por parte de los escritores españoles, incluido Miguel de Cervantes, que reflejó la teoría de los humores establecida por Huarte en el *Quijote* y en otras obras como *El licenciado Vidriera*.

España se caracterizó además por ofrecer una imagen melancólica, plasmada en la iconografía de Felipe II, en las pinturas de Zurbarán, en la música y en el amplio territorio de la ascética y la mística. Se trata de un asunto desbordante, que afecta además a la historia de la lengua y de la literatura, por la presencia, en esta, del luctuoso azabache y de los efectos del *amor hereos* desde la Edad Media. Noam Chomsky presentó en 1969 el mencionado *Examen de ingenios* de Huarte de San Juan como fuente creadora del lenguaje. Y, en ese sentido, la melancolía ha formado parte de la capacidad generadora de la mente humana a la hora de crear nuevos conceptos, lo que afectó, según veremos, a la unión alegórica que el Arte y el Ingenio presentan en la *Agudeza* de Baltasar Gracián. Finalmente, *El Criticón* recogerá en la última crisi de la primera parte el azabache, símbolo de la sabiduría y encarnación de la piedra filosofal.

El jesuita aragonés ofreció, en su vida y en su obra, numerosos ejemplos de los estragos de la acedia, pero también los vestigios de toda una tradición que la vinculaba a la sabiduría. Como mostró Giovanni Battista Della Porta en *La fisiognomía humana* (1586), siguiendo a Marsilio Ficino y a Huarte de San Juan, aunque sin citarlo, había dos tipos de melancolía: una, vinculada a la faz miserable del hombre y otra, llena de luz, que lo dignificaba. Los héroes modernos de Gracián encarnarían sobre todo la faz reflexiva y pensativa de la *Melancolía* de Durero, pero el *Oráculo* y sobre todo *El Criticón* ofrecerían una perspectiva crítica y satírica, que se uniría a la risa de Demócrito y a la tradición escéptica, ampliamente estudiada por Aurora González.

En ese sentido, cabe considerar, que, en esa última obra, Gracián trató de superar el tópico encerrando dentro de unas pequeñas vasijas o "redomillas" las lágrimas de Heráclito y la risa de Demócrito en el Museo de Salastano. Giulia Poggi ya señaló cómo la melancolía fue durante siglos símbolo de la genialidad artística y literaria acrisolada por Marsilio Ficino, pero también imagen de una enfermedad demoníaca que había que combatir.

A su vez, el modelo que el jesuita aragonés ofreció de la figura del político también se presentó en la doblez, digna o indigna, relacionada con la razón de Estado, que Gracián trasladó a la razón de Estado de uno mismo y hasta a la mordaz "razón de establo", presente en *El Criticón.* Nos encontramos, así, ante una enfermedad ingeniosa que no pasó inadvertida al jesuita en los ejemplos que recogió en su *Agudeza,* ni en la soledad, el escepticismo y el desengaño que emanan sus demás obras. No es por ello extraño que la posmodernidad las haya considerado como propias, enriqueciendo, de ese modo, el catálogo infinito de los escritores enfermos de una bilis negra confundida con la tinta y que, según dijo Borges en el *Aleph,* incluye también a los lectores.

TENER AMIGOS

Pero, aparte de las señales que los archivos de los jesuitas ofrecen sobre los oscilantes humores de Baltasar Gracián, tanto en la vertiente melancólica como en la colérica y biliosa, interesa señalar la otra cara, vital y literaria, que muestran sus relaciones externas, más allá de las obligadas con los miembros de la Compañía de Jesús. La crítica del siglo XX ha manifestado una doble visión del jesuita aragonés al considerarlo, por una parte, víctima de sus superiores y, por otra, un rebelde que no guardó la debida obediencia al publicar libros sin su permiso y con un contenido más profano que religioso en la mayor parte de ellos. Lo cierto es que esa visión paradójica se reflejó ya en sus días, si analizamos la correspondencia que se guarda sobre él y sus superiores en la Compañía de Jesús, aunque falten, sin duda, muchos documentos al respecto.

Su idea de la amistad fue tan sutil y paradójica como la que vivió en carne propia con quienes le ayudaron y sostuvieron en sus empresas literarias y la que mantuvo con los jesuitas. El *Oráculo*, 112 la reflejaría ingeniosamente:

> *Tener amigos.* Es el segundo ser. Todo amigo es bueno y sabio para el amigo. Entre ellos todo sale bien. Tanto valdrá uno cuanto quisieren los demás; y para que quieran, se les ha de ganar la boca por el corazón. No hay hechizo como el buen servicio, y para ganar amistades, el mejor medio es hacellas. Depende lo más y lo mejor que tenemos de los otros. Hase de vivir o con amigos o con enemigos. Cada día se ha de diligenciar uno, aunque no para íntimo, para aficionado, que algunos se quedan después para confidentes, pasando por el acierto del delecto.

Gracián trasladó esa doble perspectiva en sus tratados, donde habló de ser héroe y rey de uno mismo, y también de la necesidad de ser amigo para sí. Su seguimiento de la consideración de la amistad como virtud del hombre bueno, patente en la *Ética Eudemia*, se plasmó sobre todo en los paralelos que esa y otras obras del jesuita, como *El Discreto* o *El Criticón*, ofrecen con el libro IX de la *Ética a Nicómaco*. Recordemos que Aristóteles, a la zaga del diálogo *Gorgias* de Platón, incidió en la necesaria reciprocidad entre los buenos amigos, pero también en la de una legítima *autophilia,* que el jesuita aragonés traslado a otros niveles, como veremos, incidiendo además en el peligro de la amistad interesada y viciosa.

Las portadas y los preliminares de sus libros, así como el catálogo de nobles, políticos y escritores aragoneses que aparecen mencionados en ellos no se corresponden, sin embargo, con la escasa presencia que el nombre de Gracián tuvo en las obras publicadas en el Aragón de su tiempo, tan pródigo en academias, aganipes y justas literarias. No obstante, a partir de 1651, asentado en la cátedra de Escritura, su nombre figuró en prólogos y aprobaciones de obras ajenas editadas en Zaragoza, o interviniendo ocultamente en la antología del librero Josef Alfay, *Poesías varias de grandes ingenios españoles* (Zaragoza, 1654).

En ese aspecto, aunque la figura del anticuario don Vincencio Juan de Lastanosa fuera fundamental durante sus estancias en la ciudad de Huesca, donde disfrutó de su amistad, de su nutrido museo, de su biblioteca y de sus jardines, no hay que olvidar la relación que mantuvo con otros eruditos y escritores aragoneses, como el cronista Juan Francisco Andrés de Uztarroz, o los poetas Juan de Moncayo, marqués de San Felices, y Miguel de Dicastillo, cartujo de Aula Dei. Aparte habría que tener en cuenta su relación con el hebdomadario de la iglesia de san Esteban de Toulouse, Francisco Filhol, y con otros escritores y personajes de la corte. Entre las escritoras, cabe mencionar a doña Ana Abarca de Bolea, monja del Monasterio de Casbas, y, en particular, a doña Luisa María de Padilla, condesa de Aranda, a la que alabó en *El Discreto*. Esta publicó diversos espejos de nobleza que muestran numerosas concomitancias con las obras de Gracián, como su *Nobleza virtuosa* (1637) y su *Nobleza perfecta* (1639), aparte de su alegoría *Elogios de la Verdad e invectiva contra la Mentira* (1640), cuyo tema recrearía él a nueva luz en la Verdad de Parto de *El Criticón* III.

También cabe mencionar la controvertida amistad de Gracián con el canónigo de Huesca Miguel de Salinas y Lizana, traductor de Marcial, o con el historiador y poeta carmelita fray Jerónimo de San José. Sin dejar de lado que la relación con Lastanosa y con Uztarroz estuvo llena de paradojas morales e intereses no siempre compartidos. Entre los anticuarios, recordaremos al conde de Aranda, al duque de Villahermosa, al conde de Guimerá y a otros miembros de la nobleza aragonesa, como Francisco Jiménez de Urrea y Bartolomé Morlanes. Todos ellos siguieron la senda iniciada por el príncipe de la numismática Antonio Agustín, autor de los *Diálogos de las medallas* (Tarragona, 1582), cuya correspondencia desde Italia con eruditos aragoneses llevaba referencias a Alciato. Estas fueron la causa de que Zaragoza ofreciese la primera muestra arquitectónica española de sus *Emblemas* en el patio renacentista de la Casa Zaporta, inspirado también en la *Hipnerotomaquia Poliphili* de Francesco Colonna (Venecia, Aldo Manuzio, 1499).

De esa tradición afecta a la numismática, provendría más tarde el *Museo de las medallas desconocidas españolas* (Huesca, 1646) de Vincencio Juan de Lastanosa, quien ilustró su tratado con abundantes fuentes literarias, incluida la poesía de Góngora. Alciato fue también uno de los referentes de *El Criticón*, pues la presencia de sus emblemas es muy amplia, como ha señalado Sagrario López Poza, al igual que los de Otto Vaenius. Sin olvidar otros, procedentes de Juan de Borja, Juan Solórzano, Hernando de Soto y Sebastián de Covarrubias.

Entre los nobles con quienes Gracián tuvo contacto, cabe referirse a la figura del duque de Nochera, de quien fue confesor y al que dedicó la primera edición de *El Político don Fernando el Católico*. Gracián viajó con él a Pamplona y a Madrid, y lo apoyó hasta su muerte, cuando cayó en desgracia por su enfrentamiento con el conde-duque de Olivares por su postura en la Guerra de Cataluña. Los ideales aristocráticos de Baltasar Gracián eran, en cierto modo, lógicos, ya que, siendo primogénito al morir dos hermanos suyos mayores, de no haber sido jesuita, hubiera heredado el título de infanzón, que pasó sin embargo a manos de Lorenzo, mucho más joven que él. Ese título, propio de la baja nobleza, suponía, en Aragón, participar de un estatuto privilegiado en materia fiscal y procesal, equivalente al del hidalgo castellano. Ello no mermó sin embargo la postura crítica de Baltasar Gracián al zaherir a los nobles que no estaban a la altura del título heredado.

En ese sentido, conviene señalar que el jesuita aragonés trasladó al común de los mortales los ideales de excelencia que debían ser patrimonio de reyes y nobles, a partir de su primera obra *El Héroe*. En ella, quintaesenció los valores tradicionales del heroísmo a través de veinte "primores" o capítulos, tan lacónicos en el estilo como breves en su extensión, ofreciendo al lector una nueva "razón de Estado" de uno mismo, como veremos.

La perspectiva laica de esa obra de Gracián no estuvo reñida sin embargo con la ortodoxia, ya que, al final de ella, Dios aparece como la suma de toda grandeza. Ese libro marcaría una pauta vital de constantes altibajos, que Miguel Batllori calificaría de alternante, abierta a la doble vía de caminos que se bifurcan, en lo religioso y en lo profano, y que no dejaba de ser paradójica, como dijimos. *El Comulgatorio* ofrecería brillantemente sus muchos conocimientos religiosos y bíblicos, al igual que *El Criticón*, donde el libro del Génesis nutriría sus primeras páginas, así como las restantes, tan llenas de citas bíblicas, procedentes del Antiguo Testamento, del Nuevo Testamento y de la patrística.

OBRAS CON ECO

La publicación de las obras de Baltasar Gracián, a la que haremos referencia, tuvo un punto de inflexión a través de las traducciones realizadas en Francia, ya que de ellas partieron las realizadas en otras lenguas. Ello marcó posteriormente la perspectiva neoclásica, favoreciendo, por un lado, la alta consideración de su pensamiento, pero también las críticas a su estilo. Habiéndose anticipado a la idea del buen gusto, fue el autor español más leído por los franceses durante el siglo XVIII después de Cervantes. Así lo demuestra, por ejemplo, la influencia de *El Criticón* en el *Cándido* de Voltaire o la de los aforismos del *Oráculo* en las *Maximes* de La Rochefoucauld, Elogiado en el siglo XVIII español por Salafranca, Jovellanos y Feijoo, quien no se olvidó de él en su *Teatro universal* ni en sus *Cartas eruditas y curiosas,* como tampoco Cadalso en sus *Cartas Marruecas,* lo cierto es que la estimación por la obra de Gracián brilló también a dos luces en esa época, incluso en las páginas periódicas del *Censor.* Y otro tanto podemos decir de la *Poética* de Ignacio de Luzán (Zaragoza, 1737 y Madrid, 1789), quien, apoyándose en Ludovico Antonio Muratori, enalteció el ingenio del jesuita, pero dijo que la *Agudeza* estaba escrita en un estilo "depravado".

Uno de los jesuitas expulsados de España, el abate Juan Andrés, lo ubicó, según veremos más adelante, junto a La Rochefoucauld y La Bruyère y, aunque fue severo con su estilo en *Dell´Origine progressi e stato attuale d´ogni letteratura*, (Parma, 1787-1798), lo alabó sin embargo entre los filósofos morales como Descartes y Hobbes. A su vez, el *Diccionario de Autoridades* de la Real Academia Española tuvo en cuenta a "Lorenzo Gracián" a la hora de ratificar el uso de sus voces, al igual que hizo con otros escritores del Siglo de Oro como Calderón o Góngora, cuyo estilo estaba lejos, sin embargo, de la estética dieciochesca. Menéndez Pelayo abundó posteriormente en esa doble estimación, que había sido marcada también por Gregorio Mayans, quien reaccionó contra la prosa de Gracián, pero lo utilizó en sus argumentaciones filológicas y se asombró con la riqueza de *El Criticón*.

Esa oscilación, entre alabanza y condena, revertiría en la escasa consideración literaria que tuvo el jesuita aragonés durante el siglo XIX, aunque sus obras pasaran a formar parte de la historia del pensamiento filosófico. Sin embargo, la huella que hemos advertido de *El Criticón* en el famoso "Vuelva usted mañana" de Larra así como de "La fuente de los engaños" en *El caballero de las botas azules* de Rosalía de Castro o en Galdós merecen considerarse a la hora de revisar la proyección decimonónica de Gracián, que renovaría Azorín a principios del siglo XX.

Su influencia en los moralistas franceses y en el teatro ofrece una vertiente que corrió en paralelo con la de la historia de la filosofía, marcada por Nietzsche y Schopenhauer, quien, en *El mundo como voluntad y como representación* (1898), dijo que *El Criticón* era "la más grande y más bella alegoría que había sido escrita jamás". En esa trayectoria filosófica, que alcanzó, entre otros, a Walter Benjamin, como señaló Muñoz Millares, a propósito de *El origen del drama barroco alemán*, hay que situar también el concepto de "circunstancia" de Ortega y Gasset o su cercanía con el gusto y el despejo gracianos. Consideración aparte merecería la revalorización de Gracián por parte de la Generación del 98 con Azorín, su clásico connivente, como lo calificó José Luis Calvo Carilla. Sin olvidar a Borges, cuya relación analizó puntualmente Rosa Pellicer, o la admiración de Alfonso Reyes y los escritores de la Generación del 27. Pero sobre todo la eclosión de un Gracián posmoderno, como lo han considerado Mario Perniola y Giuseppe Patella, entre otros.

Cuestión aparte merece el éxito del *Oráculo* en nuestros días, a partir sobre todo de la traducción al inglés de Christopher Maurer, y que ha sido entendido como un libro de autoayuda para ejecutivos. En el presente, sus aforismos son citados indiscriminadamente por quienes manejan los hilos de la economía y los de la inteligencia artificial, sin que sepamos realmente, de estos, su contracifra a la hora de descubrir la veracidad y el origen de sus dictados.

No deja de ser curioso que la doble valoración neoclásica de las obras de Gracián llegase a la estimación de Alfonso Reyes y sobre todo de Jorge Luis Borges, que recogió muchas de sus ideas y conceptos, pero basó sus ataques en un poema como el de las "Selvas de todo el año", que, como había demostrado anteriormente José Manuel Blecua Teijeiro, nunca escribió el jesuita aragonés. Capítulo aparte sería el de las huellas gracianas en *El arquitecto y el emperador de Asiria* de Fernando Arrabal o en *Adán Buenos Aires* de Leopoldo Marechal y en otros escritores, como Augusto Monterroso o Umberto Eco.

De su valoración por parte de algunos autores actuales, dio testimonio el monográfico *Gracián, hoy,* que coordinamos en el *Boletín de la Fundación Federico García Lorca,* 29-30 (2001), con artículos y poemas de José Ángel Valente, Jaime Siles, Mario Hernández, Andrés Sánchez-Robayna, Jon Juaristi y Jacobo Cortines. En dicho volumen, cabe señalar la aportación de J. M. Gómez Tabanera, quien, más allá de la relación de la novela alegórica de Gracián con precedentes como el *Villano del Danubio* de fray Antonio de Guevara, apuntó el reflejo de *El Criticón* en distintas obras, incluida la novela alegórica *La terre austral connue* (Ginebra, 1676) de Gabriel Foignuy o la *Scienza Nuova* (1725) del filósofo italiano Giambattista Vico en relación con Andrenio. Respecto al *Robinson Crusoe* de Daniel

Defoe, el posible conocimiento, por su parte, de *El filósofo autodidacta* de Ibn Tofail, al que volveremos, hace más complejo el posible calco.

Pero lo más curioso de los paralelismos establecidos por Tabanera, tal vez sea el de haberlo situado en la cadena formada por los eslabones de Schopenhauer, Nietzsche y Goethe, donde incluyó el formado por *Lulú o La flauta mágica* (1789), cuyo libreto escribió Emanuel Schinkaneder, pues ello ofrece una impronta con la famosa ópera de Mozart digna de ser tomada en consideración.

2. LA FÁBRICA DE TRES TRATADOS HUMANÍSTICOS

EL HÉROE

La evolución de las obras de Baltasar Gracián en relación con las circunstancias históricas que le tocó vivir se plasma ya en las variantes emanadas de la redacción de *El Héroe*. Así lo confirma el autógrafo conservado en la Biblioteca Nacional de España (ms. 6643), dedicado a Felipe IV, si lo comparamos con la edición príncipe (Huesca, Juan Francisco de Larumbe, 1637), de la que se conserva un único ejemplar descubierto por nuestra parte en esa misma biblioteca y publicado en la IFC. Esa edición sufriría a su vez cambios notables en los preliminares de la segunda (Madrid, Diego Díaz, 1639), de la que dependerían la mayoría de las ediciones y traducciones posteriores.

Acorde con el aticismo humanista de su estilo, la obra ofrecería numerosas variantes a partir del mencionado manuscrito. Sobre todo, en el tratamiento elogioso que en este recibía el conde-duque de Olivares, valido de Felipe IV, y que se matizaría o desaparecería en las ediciones impresas. Ello se aprecia en las diferencias entre las portadas de las dos ediciones, pues la segunda suprimió la dedicatoria al rey, suscrita por el mecenas oscense Vincencio Juan de Lastanosa, que figuraba en la primera. Y otro tanto ocurre en los preliminares, pues la primera llevaba curiosamente dos dedicatorias: una al rey, suscrita por Lastanosa, y otra dirigida a este, que firmaba el autor. Ambas desaparecieron en la edición madrileña de 1639, donde había una sola dedicatoria a don Juan Bautista Brescia, firmada por Pedro de Quesada, aunque el estilo de las dos ediciones se ajustaba, en la lengua y en los conceptos, al de Baltasar Gracián, que las escribió con toda seguridad.

El Héroe, que tanto debe a la tradición clásica y bizantina de los *specula principum*, patente también en las obras posteriores de Gracián, se ofreció sin embargo con la novedosa intención prologal de ser un espejo vital para cualquier lector. La portada y el prólogo de la primera edición abrirían un camino de doble juego en el que Vincencio Juan de Lastanosa se iría apropiando de los preliminares escritos por el jesuita aragonés, apareciendo como su editor o siendo elogiado en las dedicatorias. Claro que tales privilegios, propios del mecenazgo de la época, no restan valor a la amistad y apoyo editorial y personal que la figura de ese infanzón aragonés prestó al jesuita, ofreciéndole además el solaz de su casa-museo de Huesca, como apuntamos.

El libro "enano" conformado por *El Héroe* de Baltasar Gracián, a quien Juan Francisco Andrés de Uztarroz consideró un nuevo Tácito, aparecía desde los preliminares vinculado a las obras de Virgilio Malvezzi, con las que su autor mostró no pocos paralelismos, al igual que con las de Diego Saavedra Fajardo. Téngase en cuenta que Quevedo, admirador del historiador boloñés, tradujo *El Rómulo del Marqués Virgilio Malvezzi* (Pamplona, Carlos de Lavayen, 1632). A su vez, *El Tarquino soberbio,* había sido vertido varias veces al español entre 1632 y 1635, con ediciones en Milán, Barcelona y Madrid. Esa obra era un manual sobre cómo no debe ser un gobernante, lo que influiría en los modelos negativos que Gracián opondría más tarde a la figura de Fernando el Católico en *El Político*. A su vez, el *David perseguido* (Madrid, Imprenta Real, 1635), traducido por un religioso de la orden de clérigos menores y que Malvezzi dedicó al rey Felipe IV, fue una muestra más de la impronta de este escritor italiano en España y Europa.

Otra obra suya, el *Retrato del Privado Christiano Político, Deducido de las acciones del Conde Duque* (Nápoles, Octavio Beltrán, 1635), dedicada también a Felipe IV, había sido traducida a su vez por Francisco de Balboa, quien lo comparó con Tácito. Ese libro de Malvezzi sería fundamental para su trayectoria política, ya que, tras su publicación, formó parte del Consejo de Estado y Guerra de España y se le encomendaron importantes misiones diplomáticas. Gracián lo alabaría en su *Agudeza y arte de ingenio*, pues sus obras eran el prototipo de un estilo heredado de Justo Lipsio, que Herycio Puteanus plasmó en *De laconismo sintagma* (1609). Pero la fascinación inicial del jesuita por el conde-duque de Olivares, patente en el manuscrito de *El Héroe*, fue decayendo con el tiempo. Sobre todo, por su política en Cataluña, que tanto Gracián como su amigo el duque de Nochera pusieron en tela de juicio.

El Héroe se perfiló como la continuidad de una tradición clásica y humanística que iba desde Aristóteles a Baltasar de Castiglione y a la que se sumaban las críticas que Botero, Malvezzi o Quevedo habían hecho de *Il príncipe* de Maquiavelo. En su primera obra, Gracián siguió, además, *El mejor príncipe Traiano Augusto* de Plinio, traducido por Francisco de Barreda en 1622. De este modo, el tratadismo político de raíz tacitista y lipsista del Renacimiento, al fundirse con los tratados de cortesanía, hizo que el paradigma del heroísmo épico y político se acomodase al libro-niño de *El Héroe*, ofreciendo un modelo de perfección máxima aplicable a cualquier persona.

Gracián forjó en su primer libro un héroe universal, un prodigio, que destacaba por su juicio, ingenio y discreción, formando un compuesto de entendimiento y corazón, sabiduría y fortaleza. Al igual que Huarte de San Juan en su mencionado *Examen de ingenios,* el jesuita dibujó el perfil de un hombre fuera de lo común, docto y santo, que fuera la quintaesencia de todas las virtudes. Adelantándose a los presupuestos del Neoclasicismo, el jesuita propuso un modelo de héroe al que consideraba "anticipado" y que, más que por su fuerza, debía destacar sobre lo vulgar por su buen gusto, su gracia y su moralidad. Más adelante, diría en *El Discreto*: "Siempre va el gusto adelante, nunca vuelve atrás". Esos y otros supuestos contribuyeron a la mencionada difusión de su obra en el Siglo de las Luces a través de numerosos autores españoles y de otros países que siguieron la pauta del neoclasicismo francés.

El primer libro de Gracián trató de configurar el modelo de un héroe nuevo, cuyas batallas se libraban en el diario vivir. Ese enfoque abstracto, actual y universal, se concretaría más tarde en *El Político don Fernando el Católico,* encarnación máxima de las virtudes morales y políticas por sus dichos y por sus hechos. En uno de los aforismos del *Oráculo,* Gracián diría posteriormente: "No se ha de discurrir a lo viejo y se ha de gustar a lo moderno". No es por ello extraño que la crítica actual haya situado sus obras en el mencionado territorio de la post-modernidad.

El Héroe retrató el perfil de un varón excelente, ofreciendo un canon moral y estético a través de un catálogo de emperadores, reyes y nobles eminentes, en el que no faltó la figura de san Agustín ni un evidente ataque contra Maquiavelo, ateniéndose a la moral cristiana. Ese camino de perfección configurado por el jesuita tenía un alto componente educativo que perduraría a lo largo de todas sus obras, resolviendo la ecuación clásica del heroísmo, *sapientia et fortitudo,* a favor de la primera.

Las "maximidades" propuestas en *El Héroe* persistirían en sus futuras obras, pero sometidas a una renovación constante. Estas irían perfilando las prendas de un varón perfecto y gigante, alejado de lo vulgar, incomprensible y cifrado para los demás, pero que mantenía para sí una aspiración permanente a alcanzar la gracia, el despejo, el gusto relevante y la eminencia en lo mejor. En ese sentido, el concepto de gracia sería fundamental en todas las obras del jesuita, quien además jugó con ese término respecto a su apellido Gracián, siguiendo con ello la pauta de una agudeza nominal, que también podía transformarse en alegórica. Así ocurrió, por ejemplo, en el anagrama García de Marlones, utilizado como seudónimo en la primera parte de *El Criticón,* donde jugó con su segundo apellido Morales, o en la transformación del símbolo clásico y renacentista de agradecimiento que ofrecen las Tres Gracias (dar, recibir y devolver), aplicándolo, en su caso, a los Tres Geriones.

Toda la obra de Gracián se conformó como una auténtica *paideía* o *humanitas* de raigambre clásica, a través de un camino de sabiduría que tenía como fin la búsqueda de la inmortalidad. En esa peregrinación vital y literaria, fue fundamental el bivio heraclida, que él desarrolló como una constante elección entre el estrecho camino de la virtud o el más espacioso del vicio. Ese modelo de la doble vía, conocido desde Jenofonte y desarrollado iconográficamente en la *Tabula Cebetis,* fue una constante en los tratados educativos de los príncipes y había sido asimilado en las enseñanzas de la Compañía de Jesús.

La alegórica Tabla de Cebes, cuyo simbolismo educativo atrajo a los humanistas y a numerosos autores como Quevedo, también sería recreada ampliamente por el jesuita en *El Criticón*, según señaló Sagrario López Poza. A su vez, Sigismondo Fanti ya había relacionado la doble vía en su *Triompho di Fortuna* (Venecia, 1527) a través de la lucha entre la Voluptas y el Ángel de la Virtud, pero Gracián secularizó esos y otros precedentes en el libro-niño de *El Héroe,* donde trazó el difícil acceso a la excelencia a través del cultivo del genio, del ingenio y de la sindéresis. El nuevo heroísmo exigía además el cultivo de virtudes modernas, como el despejo, la gallardía, el descuido y la generosidad, ejercidas en el diario vivir y a tenor de las circunstancias.

Al transformar el tratadismo político y jurídico de los espejos de príncipes en el gobierno de uno mismo, Gracián se apartó del paradigma heroico tradicional. Pero lo más significativo de su primera obra fue convertir el ideario político que Giovanni Botero había expuesto en *Della ragion di stato* (Venecia, 1589), como respuesta católica contrarreformista a *Il Principe* de Maquiavelo, en un asunto individual y personal. Antonio de Herrera había traducido esa obra, por mandato de Felipe II, con el título de *Los Diez libros de la razón de estado* (Madrid, Luis Sánchez, 1593), y, en la dedicatoria al rey, Botero había afirmado que la escribió con el fin de "formar un príncipe religioso y prudente para gobernar y conservar su estado en paz y política", considerando además que ello se podía lograr sin los medios promulgados por Maquiavelo y por Tácito, ya que estos eran contrarios a la ley de Dios. Gracián se imbuiría de esa corriente antimaquiavelista en *El Héroe* y la aplicaría posteriormente al reinado de Fernando el Católico en *El Político.* El hecho de que la obra de Botero dedicase un capítulo a la prudencia también sería decisivo a la hora de escribir Gracián el *Oráculo,* epítome aforismático de sus libros anteriores y anuncio de los venideros.

Para Botero, el Estado aparecía como un dominio firme sobre los pueblos y la razón de Estado como una noticia de los medios necesarios para fundar, conservar y ampliar dicho dominio. El jesuita aragonés proyectó sin embargo tales planteamientos en el control sobre uno mismo, dando reglas de cómo ser un héroe moderno, a través del ejercicio de virtudes y valores entresacados de las obras de Homero, Aristóteles, Séneca, Esopo y Tácito, pero también de los tratados de cortesanía italianos. El mencionado aristocratismo de Gracián, patente en los nombres propios que ilustraron *El Héroe,* fue sin embargo un paradigma imitable al alcance de todos aquellos que quisieran gobernar su propia nave con la aguja de marear a la excelencia.

Tales planteamientos se irían puliendo en obras futuras hasta desnudarse de menciones a fuentes clásicas y humanísticas en el *Oráculo* o llenarse de amargas sátiras en *El Criticón* (I, VII), donde la verdadera razón de Estado se convirtió en la mencionada "razón de establo". A su vez, el peso que la *miseria hominis* ofreció en esa obra sería superior al de la *dignitas hominis,* cuya presencia había sido decisiva, sin embargo, en *El Héroe* y en *El Político.* Por otro lado, esas obras de Gracián estaban impregnadas de un estilo tan sublime como su fondo, y tenían poco o nada que ver con el heroísmo de don Quijote de la Mancha, que cautivaba a los lectores desde una perspectiva aparentemente jocosa y ridícula, lejos de la perspectiva heroica posterior de Baltasar Gracián.

La segunda edición madrileña de *El Héroe* (1639) tuvo una gran difusión y fue la que se incorporó editorialmente al conjunto de las *Obras* de "Lorenzo Gracián" a partir de 1664. Su verdadero autor presumió de que el rey Felipe IV, al que iba dedicada la primera edición de 1637, la había elogiado por las "grandes cosas" que contenía. La obra se difundiría por Europa gracias a las traducciones francesas de Sieur Ceriziers, *L´Idée du grand capitaine,* y de Monsieur Gervais, *L´Heros,* publicadas en 1645, así como a la inglesa de sir John Skeffington, *The Heroe...A piece of Serious Spanish Wit* (1652), y a la italiana de Carlo Amatori Tornerini (1695). Ello favoreció que fuera elogiada posteriormente en *Le Journal des Savants,* las *Mémoires de Trevoux* o *The Spectator.*

Aparte de las traducciones al francés de *El Héroe* y de otras obras de Gracián, que sirvieron de base a su traslación a otras lenguas, cabría considerar la admiración que manifestó por las obras de Gracián Arthur Schopenhauer en *Parerga y Paralipomena* o en *Eudemonología*, lo que supondría una nueva valoración y relectura de ellas desde el punto de vista filosófico. Thomas Carlyle encareció a su vez la agudeza del intelecto graciano en su libro *On Heroes* (1841), donde predicó la lucha contra las apariencias. Siglos después, el *Sueño de los héroes* (1954) de Bioy Casares, nacido al abrigo de *El nacimiento de la tragedia* de Nietzsche, discurriría, como *El héroe discreto* (2013) de Mario Vargas Llosa, por los derroteros propios del estilo *humilis*, que se situaba ya en el otro extremo de la sublimidad graciana.

EL POLÍTICO DON FERNANDO EL CATÓLICO

El *Político don Fernando el Católico* sustantivó posteriormente las excelencias de *El Héroe* al encarnarlas en un "rey católico", del que Maquiavelo había dicho, en *Il Príncipe* (1513), que era el rey más importante de la cristiandad, elogiando su moderna forma de gobernar al atraer a su causa a los nobles castellanos, conquistar Granada, expulsar a los moriscos y triunfar en África, Italia y Francia. A su juicio, don Fernando había sido un ejemplo admirable y "un príncipe nuevo, porque de rey débil que era, llegó a ser el primer monarca de la cristiandad, por su fama y por su gloria".

Entre los elogios fernandinos, presentes en varios panegíricos castellanos y latinos del siglo XVI, destaca también la admiración del embajador italiano en España Francesco Guicciardini por la figura de Fernando el Católico como gobernante. Téngase en cuenta que su *Storia d'Italia*, conocida desde 1581 por la versión de Antonio Flórez de Benavides, fue traducida por el propio Felipe IV en 1633 durante la gobernanza del conde-duque de Olivares. Y aunque permaneciera manuscrita hasta el siglo XIX, lo cierto es que esa y otras obras suyas contaron con la admiración de Francisco de Quevedo y de historiadores como Luis Cabrera de Córdoba o el padre Ribadeneira, que elogiaron sus planteamientos políticos, opuestos a los de Maquiavelo. Las obras de Guicciardini tuvieron un eco evidente en *El*

Político don Fernando el Católico, donde Gracián siguió el modelo de la política aplicada a la ocasión. El jesuita lo elogió posteriormente en *El Criticón*, pues compartía con él un evidente pesimismo y la idea de que el hombre estaba inclinado al mal desde su nacimiento.

La primera edición de *El Político*, aunque preparada en Huesca, salió en 1640 de las prensas zaragozanas de Diego Dormer y estaba dedicada al duque de Nocera (castellanizado Nochera), don Francisco Maria Carafa Castrioto y Gonzaga, lugarteniente y capitán general de los reinos de Aragón y Navarra. Su fama se había ido incrementando por su lucha en los tercios de Flandes, así como por su participación en el Sitio de Breda y en la batalla de Nördlingen, llegando a ser grande de España. Gracián, que fue su confesor y compañero de viaje, se enfrentó, como él, a la política de Felipe IV y de su valido el conde-duque de Olivares en relación con Cataluña.

Consciente de los problemas que la monarquía había tenido con los aragoneses desde las Alteraciones de 1591, el duque de Nochera envió una carta al rey, el 6 de noviembre de 1640, instándole a que hubiera negociaciones y no guerra contra los catalanes. A su vez, Andrés de Uztarroz escribió en la censura de la primera edición de *El Político* que dos antepasados del duque de Nochera, don Antonio Carafa y su hijo Diomedes, habían restituido al rey Alfonso V de Aragón el reino de Nápoles, recordando además el papel de mecenas desempeñado por don Fernando Carafa, padre de don Francisco, en su museo napolitano.

Por otro lado, conviene recordar que los hermanos Lupercio y Bartolomé Leonardo de Argensola disfrutaron de una larga estancia en Nápoles al amparo de su virrey el conde de Lemos, don Pedro Fernández de Castro. Bajo su tutela, Giovanni Battista Manso creó allí la Accademia degli Oziosi en 1611, continuación de la fundada en Bolonia, con el mismo nombre, en 1563. Francesco Carafa participó en ella con poemas escritos en español, y a ella pertenecieron no solo Torquato Acetto, Tommaso Campanella o Giambattista Marino, sino los mencionados poetas aragoneses, además de Francisco de Quevedo y el conde de Villamediana. Su título apelaba a la antítesis clásica *otium / negotium*, que recrearía a su modo, en la época de Gracián, la Academia Pítima contra la Ociosidad, que el conde de Guimerá fundó en la localidad de Fréscano, cerca de Zaragoza, donde se utilizó el latín, el castellano y el catalán.

En la segunda edición de *El Político don Fernando el Católico* (Zaragoza, Diego Dormer, 1641), al igual que en las posteriores, se suprimió la dedicatoria al duque de Nochera, que había caído ya en desgracia por sus mencionadas opiniones políticas, siendo juzgado en Madrid y luego encarcelado en la prisión de Pinto. Allí falleció el 12 de julio de 1642, y su cuerpo fue enterrado en el madrileño Colegio Imperial, regentado por los jesuitas. Su nombre sería sustituido en la portada de la obra por el de Vincencio Juan de Lastanosa, pero Gracián no se olvidó de su amigo, patrón y maestro en el realce XV de *El Discreto,* ni en *El Criticón* II, 3, donde alabó el ingenio del duque de Nochera, al igual que había hecho anteriormente en el discurso LX de la *Agudeza.*

Al presentarse la primera edición del *Político* como un discurso emanado de las conversaciones mantenidas entre el jesuita y el duque de Nochera, las posteriores ediciones mantuvieron forzosamente el buen nombre del amigo napolitano en el cuerpo del texto. Gracián lo acompañó durante sus viajes a Madrid y Pamplona, así como en sus estancias zaragozanas, recibiendo de él una ayuda evidente en la publicación de la *princeps* de *El Político.* El historiador Andrés de Uztarroz vinculó, como vimos, la casa napolitana de don Francesco Carafa a la casa de los reyes de Aragón, destacando así los lazos que unían su nombre a la historia aragonesa.

Para Gracián, don Fernando trascendió los límites del reino de Aragón, que incluían Cataluña, las Islas Baleares y las provincias italianas, para convertirse en un modelo único de gobernante. No en vano había llegado a ser un "prodigio político" en Castilla al casarse con la reina Isabel, alcanzando juntos "la monarquía de toda España y la universal de entrambos mundos", reinando siempre como "príncipe perfecto". Sagaz cual Argos, con dos caras como Jano y corazón de rey, don Fernando, a juicio del jesuita, se equiparaba a Maximiliano de Austria o a Luis XI de Francia, entre otros monarcas señeros que habían seguido una senda opuesta a las de Tiberio, Calígula o Nerón.

Aun considerando algunos de sus errores, la obra presentaba una etopeya de Fernando el Católico como "rey universal en talentos, y singular en el arte de gobernar", y espejo en el que podía mirarse el propio Felipe IV, aunque calificara a este como "perfecto rey", "universal en eminencias" y "de valor heroico". Por haber sabido gobernar "a la ocasión", aforismo máximo de la política, Gracián presentaba al rey Fernando como una contrafigura de *El príncipe* de Maquiavelo y del modelo de la *República* de Jean Bodin. El jesuita consideraba además que, tras su muerte, había pasado a formar parte del catálogo de la fama "por católico, valeroso, magno, político, prudente, sabio, amado, justiciero, feliz y universal héroe". El alcance de tales perfecciones se deducía de otros componentes, como los de linaje, educación y práctica política, formulados en consonancia con las enseñanzas de los jesuitas: *natura, ars, exercitatio.*

El sistema aretelógico quíntuple de *El Político,* que analizó puntualmente Ángel Ferrari, desplegó esa lista de virtudes hasta el final de la obra, donde aparecía una alusión a la "catolicísima casa de Austria", que Gracián consideró "muralla de la cristiandad contra la potencia otomana", además de "martillo de herejes", minero de santos y reyes, y escogida por Dios para tales empeños. Pero el libro se cerraba también como un ouroboros, al referirse de nuevo al duque de Nochera, "gloria máxima de los Carafa e inmortal corona mía", a quien su autor había dedicado inicialmente la obra, según vimos. Conviene recordar al respecto que el napolitano Oliverio Caraffa fue uno de los tres cardenales que sancionaron el título de Reyes Católicos a Fernando e Isabel por mandato del papa Alejandro VI. Gracián pudo además ver las figuras orantes de ambos monarcas en la portada plateresca de la iglesia zaragozana de Santa Engracia, obra de Gil Morlanes, además de su presencia simbólica en el espacio de la Aljafería.

Durante muchos años se desconoció la mencionada primera edición de *El Político don Fernando el Católico* (Zaragoza, Diego Dormer, 1640). La aparición del ejemplar único conservado hasta ahora, propiedad de Eugenio Asensio, nos permitió publicar en 1985 una edición facsímil de ese lacónico libro de Baltasar Gracián, que presentaba a Fernando II de Aragón y V de Castilla como "oráculo mayor de la razón de Estado", siguiendo la senda iniciada por Jerónimo Zurita. Este historiador aragonés había despojado su figura de fabulaciones ateniéndose a la verdad histórica, al igual que hicieron posteriormente Diego Dormer y otros cronistas, como el mencionado Andrés de Uztarroz, que, en 1640, preparaba la edición de la obra de Jerónimo de Blancas *Coronaciones de los sereníssimos reyes de Aragón*. Todos ellos trataron de restituir la historia de Aragón en un momento de tensiones fiscales y militares con la corona. Miguel Batllori ya dijo que *El Político* era un "breviario de la filosofía de la historia de la monarquía española, vista por un aragonés". A ello cabe añadir la influencia del Tácito vindicado por Zurita, así como la de Justo Lipsio, amigo de Lupercio y Bartolomé Leonardo de Argensola; sin olvidar al destinatario de la obra, el duque de Nochera, estudioso del historiador latino.

Las obras de Tácito, tan respetadas por los antimaquiavelistas, gozaron de numerosas traducciones en el Siglo de Oro español, como la realizada por Antonio de Toledo de sus *Historias* (1590) o la de Álamos de Barrientos, *Tácito español ilustrado con aforismos* (1613), que contenía todas sus obras. Estas y sus *Anales* servirían de modelo para la fusión de la filosofía moral y la historiografía, así como para el uso de retratos y etopeyas de los personajes, al igual que haría más tarde Gracián en *El Político,* utilizando la doble faz de los méritos, deméritos e infamias de los principales gobernantes de la historia en un estilo condensado y breve.

El jesuita aragonés creía que los políticos de su tiempo se quedaban en lo superficial, por lo que pretendió ofrecer un modo de gobernar acertado y profundo. No olvidemos que la obra apareció en un momento crítico, a causa de la política del conde-duque de Olivares, que trataba de unificar la monarquía española porque la constelación de sus territorios contribuía de manera desigual a su defensa. A ello cabe añadir que las circunstancias políticas y militares de la Guerra de los Treinta Años, provocaron las rebeliones de Cataluña en junio de 1640 y las de Portugal en diciembre de ese mismo año, aunque el conflicto de Cataluña con Felipe IV venía fraguándose desde varios lustros antes. Los jesuitas tomaron partido por el rey, pero, aunque posteriormente trataran de ser neutrales, también se impuso, en la Compañía, la oposición contra la política de Olivares. Gracián siguió pormenorizadamente, en ese y otros sentidos, los avatares de la política nacional e internacional de su tiempo.

Ese nuevo modelo de príncipes y reyes, que seguía la tradición especular clásica y bizantina enriquecida por el Humanismo, ofrecía una faz de ejemplaridad frente a la lista de gobernantes infames, siguiendo, entre otros, los pasos del padre Juan Eusebio Nieremberg en su *Manual de señores y príncipes* (Madrid, 1629), aunque Gracián se distanciase de su impronta eminentemente religiosa. El jesuita aragonés encaminó su obra hacia la consecución de la fama obtenida por los méritos políticos del rey católico, siguiendo una estela que había iniciado ya en *El Héroe* y que culminaría, como veremos, en *El Criticón*.

El Político trasladaba al territorio de la prosa la secular tradición épica en verso, fundamental en el Siglo de Oro, con la que los autores buscaron también su propia glorificación, como habían hecho en el pasado Homero y Virgilio. El panegírico se desplegó a través de un discurso unitario de principio a fin y en un estilo cifrado, lleno de ocultaciones y densidad conceptual, que se completaba con el uso de apotegmas, emblemas, aforismos y hasta algunos cuentos tradicionales.

Su aparición como breviario portátil sintetizaba, *multum in parvo*, toda una corriente que arrancaba de la *República* de Platón y que lo enfrentaba, al igual que había hecho Giovanni Botero en *Della ragion di Stato*, respecto a *Il Principe* de Maquiavelo. No en vano, para Gracián, ese jesuita italiano se había atenido a las "verdaderas reglas de la policía cristiana". Se trataba, por tanto, de afirmar que la política de Fernando el Católico pertenecía a la buena razón de Estado, vindicada también por otros muchos, como el mencionado Álamos de Barrientos.

La *Ratio Studiorum* favoreció el estudio obligado de la historia con ejemplos sacados de la Antigüedad clásica, utilizando tablas cronológicas y *exempla,* a los que Gracián añadió en su obra abundantes conceptos de filosofía moral. La idea de la historia como *lux veritatis* y *magistra vitae* había estado ya presente en Luis Vives y en las obras del historiador Jerónimo Zurita. Este había seguido las *Gestas Ferdinandii Aragonum* (1445) de Lorenzo Valla en sus *Anales de la Corona de Aragón* (1562-1580) y en su *Historia del rey Hernando el Católico. De las empresas y ligas de Italia* (1580), donde pasó del estilo propio de las crónicas de la primera a una forma humanística de hacer historia. Claro que, para entender *El Político* graciano, también habría que considerar otras huellas, como la de Fray Antonio de Guevara en su *Libro áureo de Marco Aurelio* (Sevilla, 1528), donde había ensalzado la figura modélica de Carlos V.

En *El Político,* Gracián pretendió alejarse del panegírico clásico para describir de forma paradójica los errores y aciertos de Fernando el Católico. Estos se derivaban no solo de sus aforismos sino sobre todo de los hechos de un rey único que había fundado la mayor monarquía en religión, gobierno, valor, estados y riquezas. Obrando como un nuevo Jenofonte respecto a Ciro, rey de los persas, el jesuita configuró a don Fernando como epítome de los mejores gobernantes del pasado y modelo indiscutible de los futuros.

En *El Político,* la saga de los reyes de Aragón se completaba con la de los Austrias no solo en la figura de Felipe IV, sino en la del joven príncipe Baltasar Carlos. Al dibujarlo oracularmente y en mayúsculas impresas como un BALTASAR REY, en cuyas cuatro vocales veía el principio de una monarquía que abarcaba las cuatro partes del mundo, el autor de *El Político* desvelaba, de paso, la autoría de un libro que aparecía, sin embargo, a nombre de su hermano Lorenzo.

La historia permitía poner el pasado al servicio del presente a través de un estilo propio, que el jesuita aragonés buscó por medio de un laconismo sin oscuridades en el que el desfile de príncipes, reyes y emperadores eminentes fuera un espejo para los gobernantes del presente y del futuro. Con *El Político*, su autor practicó, un mesianismo regresivo, que ofrecía al rey Felipe IV un modelo a imitar en un momento crucial de la historia de España, por los problemas susodichos con Cataluña y Portugal.

La biografía de don Fernando se desarrolla, en este tratado, con breves y lacónicos trazos, comenzando por los de un príncipe, aún niño, cercado en el castillo de Girona (así escrito) junto a su madre doña Juana, a la que consideró como una "castellana amazona", capitaneando ejércitos en Navarra, Aragón y Cataluña. El jesuita tuvo también en cuenta su educación rigurosa, propia de héroes, pero también política, al presidir tempranamente las Cortes de Aragón en Zaragoza. Frente a la regalada vida de otros reyes, la de Fernando se fraguó en el arte de la milicia y del valor, pasando primero a ser rey de Sicilia y luego de Castilla, y destacando por su prudencia y por su fidelidad a los dictados de su padre el rey don Juan. Encareció además su matrimonio con la reina Isabel, lo que le permitió salir de los estrechos reinos de Aragón a la anchura de los de Castilla y, desde allí, gobernar la monarquía universal de ambos mundos. Enalteció además a esa mujer "con ánimo de varón", situándola muy por encima de las consortes, hermanas y madres de otros príncipes y reyes.

Todas y cada una de las virtudes encarnadas por don Fernando y algunos de sus defectos se contrastan, en la obra, con los aciertos y desaciertos de otros reyes y emperadores clásicos y modernos, tanto occidentales como orientales, superando a los mejores como hombre y como monarca. El discurso graciano, entreverado de aforismos políticos y morales, lo consagraba como un rey prudente, que llenó España de triunfos y riquezas, en lo temporal y en lo espiritual, gracias a su capacidad, saber, valor y aplicación.

Consciente de su poder, don Fernando huyó sin embargo de la ociosidad y se entregó a crear una potencia militar basada no solo en la pólvora, acaudillando ejércitos, sino en la política, dejándose ayudar por los mejores guerreros y ministros. Ese rey aparece también en la obra de Gracián como un personaje ingenioso, al igual que otros monarcas de la historia, siguiendo la estela marcada por Valerio Máximo en sus *Dicta et facta memorabilia* (Venecia, 1493), o por Antonio Beccadelli en el *Libro de los dichos y hechos del Rey don Alonso el Sabio de Aragón* (Zaragoza, 1552). El género tuvo plena vigencia en el Siglo de Oro, como muestra, entre otras, la obra de Baltasar Porreño, *Dichos y hechos del Señor Rey don Felipe segundo, el prudente* (Sevilla, 1639).

En *El Político*, el jesuita aragonés se acogió al principio de la variedad en la unidad, que recrearía en la *Agudeza* y otras obras, y que él vio encarnada en la imagen de don Fernando, de quien destacó su religiosidad y su universalidad. Finalmente, consideró que, habiendo fallecido este a los 64 años y reinado durante 40, había alcanzado finalmente la inmortalidad, porque "los famosos varones nunca mueren", y más tratándose de un rey que los superó a todos. A pesar de que su reinado estuvo lleno de dificultades, don Fernando logró sin embargo la unidad armónica de la monarquía española en un país difícil de gobernar como España; un país muy distinto a Francia, con uniformidad de leyes, costumbres, lengua, clima y geografía en todos sus territorios:

> Pero en la Monarquía de España, donde las provincias son muchas, las naciones diferentes, las lenguas varias, las inclinaciones opuestas, los climas encontrados, así como es menester gran capacidad para conservar, así mucha para unir.

Frente al optimismo de *El Político*, Gracián tuvo una visión desengañada de la filosofía moral y de la historia en la segunda parte de *El Criticón*, al encarnarlas en "una coronada ninfa, que parecía atender más a la comodidad que a la hermosura porque decía ser bien ajeno". Sin embargo, siguió creyendo al final de la tercera parte de esa obra en el valor ejemplar del rey don Fernando el Católico.

El éxito de *El Político* no solo lo avalan las emisiones, ediciones contrahechas y reediciones, como la de Milán, por Juan Bideli, en 1646, o la de Amsterdam por Juan Blaeu en 1659, sino las traducciones al italiano, al francés, al alemán, al holandés, al polaco y al sueco. La política ejercida por el rey Fernando el Católico se había basado, según Gracián, en saber gobernar atendiendo a la diversidad y con más maña que fuerza. No deja de ser curioso al respecto que Francisco Fontanella, en su panegírico a Pau Claris, partidario de la ocupación francesa de Cataluña, imitara la obra de Gracián en su obra *Occident. eclipse, osscuredat funeral. Aurora, claredat, belleza gloriosa. Al sol, lluna y estela, radiant. De la esfera, del epicicle, del firmament de Cathalunya. Panegirica alabança...del molt illustre Doctor Pau Claris... Llibertador, Tutelar y Pare de la Patria* (Barcelona, Gabriel Nogués, 1641).

También es evidente la huella que dejó el jesuita aragonés en Joseph Romaguera, un autor antimaquiavelista, que, en su *Atheneo de grandesa sobre eminencias cultas. Catalana facundia ab Emblemas Illustrada* (Barcelona, Ioan Ioli, 1681), siguió estrechamente *El Héroe, El Político*, el *Oráculo, El Discreto* y la *Agudeza* de Gracián. Por otro lado, la traducción francesa, con nuevas anotaciones adjudicó a *El Político* graciano una amplitud que sobrepasaba la figura del rey católico desde el título: *Réflexions politiques de Baltasar Gracian sur les plus grands princes et particulièrement sur Ferdinand le Catholique* (París, Barthélemy Alix,1730), por Étienne de Silhuthe, que firmaba como M. D. S. La portada, al igual que las de otras traducciones del *Oráculo*, mostró además que, en Francia, se conoció tempranamente quién era el verdadero autor de esa y otras obras.

El final de *El Político*, que encarecía las virtudes de la casa de Austria, heredera de la prosapia de los reyes de Aragón, tuvo un claro engarce con la posterior dedicatoria de *El Discreto* (1646), dirigida al joven Baltasar Carlos, "Príncipe de las Españas y del Nuevo Mundo". Este había prestado juramento un año antes en la catedral de la Seo de Zaragoza como heredero del Reino de Aragón, pero un año después, estando el 5 de octubre en esa misma ciudad, falleció de viruela. Con ese deceso, la monarquía se quedaba sin un heredero caracterizado por una sorprendente cultura y al que Saavedra Fajardo le había dedicado en 1640 su *Idea de un príncipe católico cristiano representada en cien empresas*. A ese mismo príncipe, Gracián le dedicó también en 1642 su *Arte de ingenio. Tratado de la Agudeza*, como si fuese un *genethliacon* que profetizase sus futuros éxitos.

REALCES DE *EL DISCRETO*

En *El Discreto* (Huesca, Juan Nogués, 1646), Vincencio Juan de Lastanosa figuraba en la portada como quien publicaba esa obra de "Lorenzo Gracián" e incluso firmaba el prólogo a los lectores, aunque quien lo hubiera escrito fuera realmente Baltasar Gracián. Sin embargo, eso permitió calificar, de forma encubierta, que *El Político* era "lo mejor de este autor". Además, se constataba que *El Héroe* estaba en los anaqueles de la biblioteca real y que, en el *Arte de Agudeza,* había conseguido algo tan imposible como hallar "arte al ingenio". Ese prólogo abundaba además en elogios al estilo de un libro lleno de aforismos prudenciales, lo que suponía tender un puente hacia el futuro *Oráculo manual y arte de prudencia.*

El Discreto, repartido en veinticinco capítulos o "realces", se configuró como una obra educativa y acorde con la juventud del destinatario real, que contenía un amplio abanico de géneros y tropos sobre la discreción, madre de todas las virtudes. Gracián cerraba con ello el tríptico formado junto a *El Héroe* y *El Político*, pero ampliaba, en este caso, el espectro social, al configurarse no solo como espejo de nobles o de reyes, sino de muchas otras personas que abarcaban, en realidad, a todos los lectores que aspirasen a ser discretos. Ello abrió, a su vez, el camino al infinito número de quienes, en el futuro, leyesen el *Oráculo* y *El Criticón.*

El jesuita ofreció en *El Discreto* un tratado sobre el gobierno de uno mismo, trasladando a este los presupuestos heroicos y políticos de sus obras anteriores, pero extendidos ahora a otras formas de vida. Alejándose de los modelos cortesanos en boga desde el Renacimiento, la obra profundizaba sobre todo en las cuestiones de filosofía moral planteadas por los clásicos grecolatinos. Y lo hacía desde distintas perspectivas, que buscaban no solo el provecho de los lectores, sino la actualidad y el entretenimiento a través de diálogos, alegorías, discursos, fábulas, sátiras, apólogos, problemas, cartas, panegíricos y otros géneros recientes como el emblema. Gracián siguió, en esa obra, el género epidíctico del elogio, adornándolo con sentencias y aforismos, pero practicó también el vituperio contra los malos monarcas de la historia, al igual que había hecho en *El Político.*

Todo ello giraba en torno al eje conceptual de la discreción, aplicada a la formación de una persona prudente y de buen gusto, a través de un estilo conceptista mesurado y al alcance de cualquier lector o lectora, dada la inclusión modélica en la obra de algunas damas. Gracián iniciaba también, en *El Discreto,* una senda que culminaría en *El Criticón,* afín a la tradición cuentística, marcada, entre otros, por Anton Francesco Doni, traductor de cuentos indios en *La moral philosophia* (Venecia, 1552). Este autor florentino, al que nos referiremos más adelante, combinó también cartas, sátiras, cuentos y otros géneros como el refrán en la *Zucca* (Venecia, 1551), aunque sin integrarlos en la unidad que posteriormente tendría esa mezcla en las obras de Baltasar Gracián.

Imitado por Quevedo y otros autores españoles, las obras del Doni, a quien le obsesionó como a Gracián el tema de la inmortalidad, influyeron también en *El Criticón,* donde este siguió el acopio erudito de autores presentes en su *Libraria* (1550 y 1551). Aparte habría que considerar el amplio fondo paremiológico de *El Discreto,* alimentado por el Humanismo, que, a través de florestas, como la de Santa Cruz, Zapata o los *Cuentos* de Arguijo, acumulaba dichos y hechos, a veces graves, a veces jocosos, pero siempre ingeniosos. Sin olvidar las obras de Juan de Timoneda, como *El sobremesa y alivio para caminantes* (Zaragoza,1563). Pero Gracián se sirvió de esa y otras obras, practicando la susocicha libertad de ingenio y el principio de la "agradable variedad", que predicó en la *Agudeza.*

A partir de un elogio del genio y del ingenio, cada uno de los realces de *El Discreto* desarrollaba de forma diferente distintos temas relacionados con las costumbres o la filosofía moral, ajustándolos al tropo o al género empleado y encarnándolos en una figura que los había ejemplificado a lo largo de la historia o en el presente. De este modo, su autor practicó las teorías expresadas en *Arte de ingenio* y más tarde en la *Agudeza,* poniéndolas al servicio de un canon moral expresado a través de lo que hoy entendemos por creación literaria.

Gracias a ello, *El Discreto* se abría a la futura suma de géneros de *El Criticón*, particularmente en la alegoría del "Hombre de espera", encarnado en el emperador Carlos V, y sobre todo en "La culta repartición de la vida de un discreto". Pues, en este último realce, se anticipaba el esqueleto argumental de esa obra, donde Gracián unificaría el curso y el discurso de la vida repartido en edades, a través de un peregrinaje humanístico y moral, que culminaba con un canto a la filosofía, identificada como "meditación de la muerte".

La discreción y la prudencia fueron marcas mayores de la educación jesuítica, como se desprende de las obras de algunos de sus miembros; caso de los padres Pedro de Ribadeneira, Luis de la Puente, Juan de Mariana o José Laínez, que plagió *El Héroe* de Baltasar Gracián en su *Privado christiano* (1641), donde alabó la política del conde-duque de Olivares. Las imágenes de Alcides y Atlante simbolizaban, en el primer realce de *El Discreto*, dedicado al genio y al ingenio, la elevación de fondo y forma que se mantendría en toda la obra. Esta encareció el trato conversable, la comunicación discreta, la galantería, la cortesanía, la aplicación de la razón de Estado a uno mismo, así como los valores heroicos de la nobleza. El autor ejemplificaba todo ello a través de personajes de su tiempo ya mencionados, como el conde de Aranda y su esposa Luisa María de Padilla, a la vez que destacaba la prudencia de Artemisa de Oria o de Francisco de Borja.

Realce tras realce, el jesuita hacía un elogio de la variedad, del aliño y de la libre elección, destacando la entereza y el resto de las virtudes. Pero reflexionó también sobre los vicios, como la vulgaridad, la ostentación, las apariencias, la envidia, la murmuración, la figurería, la soberbia y la afectación. En esa línea, propicia para la recreación satírica, no faltó un ataque encubierto contra el *Quijote,* al aludir a la hazañería de los "ridículos andantes de la Mancha". En ese sentido, *El Discreto* ofrece toda una moral a la defensiva para llegar a ser persona en una época que había prodigado por doquier -en la novela, la poesía y el teatro- el arte de discernir y elegir entre lo bueno y lo malo, lo verdadero y lo falso. La obra trataba además de buscar el justo medio a través de un aprendizaje en los libros, en el trato con los eminentes y en los viajes, que condujera finalmente a la consecución de la felicidad.

Para ello, era fundamental vivir junto a aquellos de quien se pudiera aprender, así como saber estar y comunicarse con los otros, siguiendo un camino vital que, según había dicho Cicerón en las *Tusculanas*, servía de meditación de la muerte. Gracián siguió, para ello, los presupuestos de la filosofía estoica y sobre todo de la *Ética a Nicómaco* de Aristóteles, pero se inspiró también, tratando de superarlos, en *El Cortesano* (1528) de Baltasar de Castiglione y en *Il Galateo* (1558) de Giovanni della Casa, que contaba con varias traducciones al español, así como en *La conversazione civile* (1574) de Stefano Guazzo. El jesuita aragonés contó además con los nuevos tratados de "savoir-vivre", a los que nos referiremos, basados en el arte del disimulo y del silencio aplicados a la razón de Estado, como el de Alessandro Anguisola, *Della dissimulatione* (1612) o el de Torquato Accetto, *Della disimulazione onesta* (1641).

Gracián coincidió en *El Discreto* con la honesta disimulación de Accetto y con la imagen emblemática de la ventana abierta en el pecho del hombre para así poder ver su interior. Se trataba de un símbolo político y moral clásico, que el jesuita desarrolló a nueva luz al desestimar la necesidad de semejante subterfugio fantástico para conocer la verdad, pues valía más tener ojo de lince y ser un Argos o un Catón censorino, como diría más tarde en la *Agudeza*. El jesuita, en definitiva, ofrecía un sutil y juicioso "mirar por dentro" para vislumbrar el interior de las personas y de las cosas. Más tarde, en *El Criticón*, utilizaría varias veces ese símbolo, sobre todo en "El tejado de vidrio y Momo tirando piedras", donde lo fundiría con la imagen de la locura vinculada al cristal, partiendo del desvergonzado Momo de Luciano; un personaje que había sido ya trasunto de burlas, sarcasmo y agudezas en las obras de Erasmo y otros humanistas.

Recordemos que la moral del disimulo del *Elogio de la locura* se apoyó en el *Momus* de León Battista Alberti, una obra que había sido traducida al español por Agustín de Almazán en 1553 y que corrió después al abrigo de las corrientes humanistas y de la obra mencionada de Torquato Accetto. La imagen de la *mens fenestrata* de Luciano y la del Momo albertiano -hipócrita, proteico y ambiguo- aparecería en numerosas obras del Siglo de Oro como símbolo de la ocultación y del disimulo. Pero el colmo de su metamorfosis lo plasmaría Gracián en *El Criticón*, donde no solo transformó a Momo en Bobo, sino que lo desterró, al igual que hizo con la susodicha ventanilla en el pecho del hombre, sustituyéndolo por las imágenes de Jano y otros mitos. Para el jesuita aragonés, no hacía falta ninguna vidriera en el pecho humano, sino un mirar por dentro senequista que él dibujaría también en el *Oráculo* y en el resto de sus tratados, pero que sin embargo, como señaló Karl Alfred Blüher, no equivalía a tener una fe ciega en la razón.

El Discreto supuso sobre todo un avance en la relación con los otros, que se volvería luego más compleja en *El Criticón*, donde Gracián se adelantaría, desde una perspectiva satírica, a la paradójica visión de Kant en su *Filosofía de la Historia*, donde habló de "la insociable sociabilidad de los hombres". La poética y la moral gracianas, basadas más en los modos que en las modas, buscó superar las dificultades del trato con los demás en un doble movimiento que debía huir de lo común y de lo vulgar. Con todo ello, propiciaba, sin duda, una moral acomodaticia, que consistía en vivir a la ocasión.

Gracián mezcló en los realces VII y IX de *El Discreto* y en otras obras las aludidas lágrimas de Heráclito con la risa de Demócrito, al igual que lo hicieron Marsilio Ficino, Erasmo y los dramaturgos españoles del Siglo de Oro, como expresión de la mezcla tragicómica de la existencia. Aconsejó también vivir a lo práctico y experimentado, anteponiendo el logro de la sabiduría y de la amistad al de la felicidad y la fortuna. Y lo hizo poniendo tales conceptos al servicio de una moral práctica, que se trasladaba al pensar, al decir y al obrar. En ese camino, tan ciceroniano como estoico, la búsqueda de la verdad y de la belleza se plasmó en una perfecta adecuación entre *verba* y *res,* manifestada en la excelencia del pensamiento y del lenguaje.

El Discreto partió del clásico aforismo *Nosce te ipsum,* que fuera el lema de Luis Vives y que estuvo también presente en los *Ejercicios espirituales* de san Ignacio de Loyola, para luego tratar de las relaciones con los otros a través de un camino de sabiduría, que seguía la filosofía de los cínicos y de Séneca; sin olvidar los libros sapienciales o de la sabiduría, que tiñeron la educación religiosa de católicos y protestantes durante siglos. Para el jesuita, el hombre en su punto se iba haciendo y perfeccionando poco a poco, a sabiendas de que la felicidad estaba sujeta a la fortuna y a la fama obtenida por las armas o por las letras.

Por otro lado, *El Discreto* ofrecía numerosas referencias a la perpetuidad de la literatura frente al arte, siguiendo la formulación horaciana del *Exegi monumentum aere perennius.* En esa obra, no podía dejar de aparecer un canto al mencionado museo de Lastanosa en Huesca, donde, como dijimos, el jesuita disfrutó de sus antigüedades y jardines, así como de su nutrida biblioteca. La obra fue también un canto a la amistad, que tanto ese mecenas como otros eruditos y el propio Gracián tuvieron con el mencionado hebdomadario de Toulouse Francisco Filhol, cuyos jardines fueron elogiados por Juan Francisco Andrés de Uztarroz en un poema. Más adelante, sin embargo, *El Criticón* recrearía, según veremos, la casa-museo de Lastanosa a una luz tan crítica como paradójica bajo el anagrama de Salastano.

El aludido aristocratismo de Gracián, al que todo lector debía aspirar en su búsqueda de la excelencia, mostró ciertos paralelismos con la *Didactica Magna* de J. A. Comenius, aparecida en latín en 1638. Sobre todo, a la hora de exaltar la dignidad del hombre y la enseñanza de una disciplina enciclopédica y universal aplicada desde los primeros años. Pero el jesuita aragonés se alejó de él y de los seguidores de la tradición didáctica y teológica de Clemente de Alejandría en *El Pedagogo,* ofreciendo una enseñanza básicamente laica, aunque no se apartase, por ello, de la ortodoxia y de los referentes bíblicos.

Según hemos señalado, el último realce de *El Discreto* ofrece un interés especial como anticipo de *El Criticón* en lo referido a la división por edades de la vida del hombre, en paralelo con el decurso evolutivo de las estaciones. Se trataba de un tópico que aparecería posteriormente en el *Theatro Moral en el Conde Manuel Thesauro* (Madrid, Viuda de Francisco Nieto, 1674). La idea de la fama y de la inmortalidad a la que todo discreto debía aspirar serían también un anticipo del *Oráculo,* pero su desarrollo se aplicaría sobre todo a *El Criticón.*

Cuando en ese último realce de *El Discreto,* Gracián repartió la vida del hombre en estaciones dio muestras de la educación recibida y administrada por él mismo en los colegios de la Compañía de Jesús, pero también la amplió al desear un modelo más ambicioso respecto a los países visitados y a los idiomas practicados:

> Prevínose para toda cognición de lenguas: las dos universales, latín y española, que hoy son las llaves del mundo, y las singulares griega, italiana, francesa, inglesa y alemana, para poder lograr lo mucho y lo bueno que se eterniza en ellas.

Y otro tanto se puede decir respecto al conocimiento de la historia, "madre de la vida, esposa del entendimiento e hija de la experiencia plausible", a la que nos referiremos. La enseñanza recibida y administrada necesitaba ajustarse a un ambicioso programa que afectaba a todas las disciplinas, pero también a la forma de vivir. En ese realce, Gracián, que apenas salió de Aragón y Castilla, como dijimos, creyó sin embargo en la necesidad de una juventud viajera por todo el mundo y, en particular, por los países de Europa, tratando con hombres sabios y eminentes, pues, para ser universal, había que estar en consonancia con el mundo. Pero, aunque su conocimiento de países extranjeros fuera nulo, sus viajes por la lectura le permitieron hablar con despejo de las ciudades de Europa e incluso aludir a las de otros continentes. Y lo mismo podemos decir de su contacto con las celebridades que aparecen en otras obras, como el napolitano duque de Nochera o el portugués don Pablo de Parada, más cercanos.

En las últimas páginas de *El Discreto,* Gracián separó con nitidez la teología de las demás disciplinas y deslindó la filosofía de la poesía y de la historia, aludiendo al estudio, desde la primera edad, de otras disciplinas, como la filosofía natural y moral, la cosmografía, la astrología y las Sagradas Escrituras. Ese programa educativo sería glosado punto por punto y aumentado en *El Criticón*, donde lo llevarían a cabo, en la teoría y en la práctica, sus protagonistas.

El Discreto, como se ve por sus traducciones, ofrecía el espejo de un hombre universal en todo tiempo y en cualquier lugar, más allá de los personajes, aragoneses o no, a los que se refería o con los que dialogaba su autor en los distintos realces. Su lectura del *Euphormionis Lusinini Satyricon* (1605 y 1608) de John Barclay le llevó al uso de la sátira menipea en esta obra y en *El Criticón*, así como a un estilo conciso y aforismático. No olvidemos que el tema de la discreción, vinculado a las virtudes teologales y cardinales en la teología, iba íntimamente unido al lenguaje, como demostró Damasio de Frías en su *Diálogo de las lenguas y de la discreción* (1579), donde sometió esta a un claro proceso de secularización. Miguel de Cervantes, seguidor de Frías, dijo en el *Quijote*: "La discreción es la gramática del buen lenguaje que se acompaña con el uso". Esta y el resto de las obras cervantinas giraron precisamente en torno a la discreción, basada en el entendimiento y en la razón, oponiendo ambas a la ignorancia y a la locura, aunque hiciera de esta el fundamento de las aventuras de su caballero andante.

En 1647, *El Discreto* tuvo nuevas ediciones en Huesca, Barcelona y Coimbra, donde se reimprimió en 1656, siempre bajo el nombre de Lorenzo Gracián y como publicado por Lastanosa. No obstante, el nombre de Baltasar se desvelaba ya en los preliminares por un poema acróstico firmado por Manuel de Salinas, así como por las mayúsculas de BALTASAR REY, que ofrecía su primera edición. Curiosamente la edición de Barcelona, Juan Dexen, 1647, mostraba en la portada la dedicatoria de la obra a Miquel Ioan Boldó, canónigo de la catedral de Barcelona y la suscribía el mencionado mecenas Lastanosa, pues no en vano el fallecimiento del príncipe Baltasar Carlos un año antes obligaba necesariamente a un cambio.

La primera traducción italiana, del padre Domenico de la Cruz, apareció con el título de *Il savio político corteggiano* (Viena,1704). En Francia, lo tradujeron Joseph de Courbeville (París,

1723) y Víctor Bouiller (Roterdam, 1729) con el título de L´*Homme universel,* que también siguió la italiana, *L´uomo universale* (Venecia, 1725), mientras que el de la inglesa fue, *The Complete Gentleman* (Londres, 1726), donde ofrecía una perspectiva algo distinta. Todas ellas mostraban, en pleno Siglo de las Luces, el extenso proyecto social de la obra desde distintas perspectivas. A su vez, la versión alemana de Jacques Brucker, que llegó a leer Schopenhauer, se publicó como *Der Wollkommene Mensch* (Augsburgo, 1729), que Sebastian Neumeister trasladaría siglos después a *Der Kluge Welt* (Frankfurt, 1996).

En el umbral del siglo XX, Azorín, que descubrió al jesuita aragonés a través de las obras de Nietzsche y Schopenhauer, pero también de las de Marcelino Menéndez Pelayo, diría en sus *Lecturas españolas* que "En Gracián es preciso considerar el estilo, la moral y la crítica de costumbres". No en vano en una carta de 1864 a Peter Gast, Nietzsche le confesó, refiriéndose al jesuita aragonés, que "Europa no ha conocido nada más fino ni más complicado en materia de sutileza". Al igual que Pío Baroja, Ramiro de Maeztu o Miguel Batllori, Azorín destacaría además "el carácter esencialmente aristocrático de Baltasar Gracián". Opinión, esta, que tal vez convenga matizar, como hemos dicho, si tenemos en cuenta que sus obras pretendieron sobre todo ofrecer un ideal de excelencia al que cualquiera podía aspirar mediante el ejercicio del ingenio y de la prudencia.

El Discreto es, a nuestro juicio, un modo de escribir, una forma de pensar y un arte de vivir, aunque esos principios todavía no fueran la cifra oculta del desengaño que, desde una perspectiva satírica, impregnaría años más tarde, con una severa crítica social, política y literaria, las páginas de *El Criticón.* En ellas, Gracián culminaría la poética del silencio y del secreto apoyada en los estoicos y en Apuleyo, que llevó a término en todos los planos, pero particularmente en el del estilo. *El Discreto* y el *Oráculo manual y Arte de prudencia* emanaron de un arte aplicado al decir y al obrar que se intensificaría sobre todo en el invierno de la vejez, como preparación al silencio final de *El Criticón.*

3. UN *ORÁCULO* MODERNO SOBRE LA PRUDENCIA

En la cadena de eslabones formada por los conceptos emanados de la filosofía moral en las obras de Baltasar Gracián, brilla con particular relieve el *Oráculo manual y Arte de prudencia sacada de los aforismos que se discurren en las obras de Lorenzo Gracián. Publícala don Vincencio Juan de Lastanosa* (Huesca, Juan Nogués, 1647). En formato de 24º, era el libro más pequeño de los suyos y ofrecía a los lectores trescientos aforismos de cuño propio, con la excepción del 251, perteneciente a san Ignacio de Loyola. El género justificaba, en parte, que la obra saliese a la luz por persona interpuesta, al igual que había sucedido años atrás con los *Aphorismos del Libro de las relaciones de Antonio Pérez. Monstrum Fortunae* (París, Huby, 1603).

La imprenta había prodigado de forma antológica libros oraculares de varios autores, como el de Hortensio Lando, *Oracoli dei moderni ingegni* (Venecia, Gabriel Giolito di Ferrari e Fratelli,1550), pero, en este libro, se trataba de aforismos emanados de conversaciones del editor con autores coetáneos, que aparecían junto a otros de cuño clásico y cargados de filosofía moral. El término "oráculo" conllevaba también una impronta política evidente, como la que Góngora expresó al llamar a Felipe IV "oráculo en Europa verdadero". En el caso de Gracián, se trataba de aforismos universales y atemporales que se conectaban con la razón de Estado aplicada a uno mismo y practicada ya desde *El Héroe*. En relación con esa obra, cabe señalar también que hay una evolución desde la premisa inicial de "ser persona" a la de ser finalmente "universal héroe".

Sus trescientos aforismos aparecían sin numerar y sin los titulillos aparentes que las ediciones posteriores fueron destacando tipográficamente al principio de cada uno de ellos, desde la traducción libre de sus máximas por Hamelot de la Houssaie, *L´homme de cour* (París, 1684). Esta llevaba curiosamente en la portada el nombre de Baltasar Gracián, al igual que las ediciones de La Haya y Lyon, publicadas en 1696, así como la de Hamburgo, 1710. Otro tanto ocurrió con *L´uomo di corte o sia l´arte di prudenza di Baldassar Graziano tradotto dallo spagnuolo nel francese idioma e comentato del signor Amelot de la Houssaie, nuovamente tradotto dal francese nell´italiano, e comentato dall´abate Francesco Tosques* (Roma,1698), demostrando cómo el nombre de Baltasar Gracián restituyó tempranamente la usurpación de Lorenzo Gracián en las traducciones. Estas lo acogieron en un siglo que propició el encomio de la prudencia, como señaló Marc Fumaroli.

Por otro lado, conviene señalar que, en la edición inglesa, desapareció el nombre del autor, así como el sintagma *Oráculo manual,* en *The Art of prudence, or a Companion for a Man of Sense… and illustrated with the Sieur Amelot de la Houssaie´s notes, by Mr. (John J.) Savage* (Londres, 1705). La traducción de Hamelot de la Houssaie fue también la base que sirvió para la vertida al latín de Clarianus Meldenus Constantiensis, que añadió nuevas notas, aunque la obra se atribuyera en el título a un autor español sin nombre propio: *Aulicus sive de prudentia civili et maxime aulica, Liber singularis, olim Hispanice conscriptus, postea et Gallice, Italice, Germanice editus…* (Viena, 1750).

La primera edición del *Oráculo* ofreció sin embargo una serie de aforismos sin numeración alguna, que el lector podía barajar a su gusto de forma independiente. Cada uno de ellos presentaba una sentencia breve, desarrollada luego de forma lacónica y mnemotécnica. Alonso López Pinciano ya había señalado anteriormente en su *Philosophía Antigua Poética* (Madrid, Thomas Iunti, 1596), que la prudencia carecía de las reglas del arte y a esa novedosa tarea encaminó Gracián su *Oráculo* definiéndolo como *Arte de prudencia.*

La originalidad de la obra no estaba exenta sin embargo del uso de numerosas fuentes bíblicas, clásicas y humanísticas, que Gracián utilizó a nueva luz, fundiendo el género de los *adagia,* que cultivara en las aulas aragonesas y valencianas Juan Lorenzo Palmireno, con el de las *sententiae,* sin olvidar el de los problemas. Estos aparecieron en la *Agudeza* a propósito de *Los problemas* de Villalobos, así como el de las respuestas, patente en las *Trezientas preguntas de cosas naturales* (Valladolid, 1546) de Alonso López de Corella.

Gracián ofrecía un libro manual, que rebajaba a lo humano el sentido clásico de *oraculum* que Alonso de Palencia había dado en su *Vocabulario en latín y romance* (Sevilla, 1490) al definirlo como "respuesta celestial o el mesmo templo; en que los ombres fazen oración". El término ya había aparecido en *El Héroe* con el sentido de respuesta o ejemplo, así como en *El Político*, donde tuvo un sentido especular, al convertir al rey Fernando, según vimos, en oráculo ejemplar de la razón de Estado.

Pero el jesuita trató, en su *Oráculo manual y arte de prudencia,* de eliminar el sentido profético del término, sin dejar sus posibilidades futuribles, imprimiéndole una enseñanza que tenía abundantes conexiones con la *Ética a Nicómaco,* encaminada al ejercicio de una nueva moral. En ese aspecto, cabe recordar cómo, en esa obra, Aristóteles había dicho que "la prudencia es una virtud y no un arte", cosa que Gracián transformó ya desde el título haciendo de ambas un arte nuevo.

El *Oráculo* ofrecía respuestas para todos sobre cómo sobrevivir en sociedad, en cualquier tiempo y en cualquier lugar, al abrigo de una de las cuatro virtudes formuladas por Platón y adaptadas luego por la patrística. Gracián había ido formulando, desde *El Héroe* a *El Discreto,* una moral a la defensiva, llena de ocultaciones y disimulos, pero que también apuntaba a la necesidad y al gozo de vivir con los otros. El *Oráculo* asentaría precisamente el aforismo: "Antes loco con todos que cuerdo a solas", aunque, a juicio de Gracián, ello también fuera reversible.

La obra predicaba una sociabilidad cauta y prudente, adaptada a las circunstancias y basada en la discreción, la cultura y el aliño, presentes ya en sus obras anteriores. Pero el *Oráculo* fue más allá al ahondar en el ejercicio de la astucia y del disimulo, así como al aplicar el concepto de una vida entendida como milicia, que desarrollaría más tarde en *El Criticón.* "Vivir a la ocasión" obligaba a seguir un camino muy distinto al formulado por Aristóteles en su *Política;* el mismo que, de un modo u otro, habían seguido Castiglione, Erasmo, Giovanni della Casa,

Stefano Guazzo o Gracián Dantisco, y que se basaba en la naturaleza social del hombre. De ahí la idoneidad del mencionado aforismo de san Ignacio de Loyola, incluido hacia el final del *Oráculo*: "Hanse de procurar los medios humanos como si no hubiese divinos, y los divinos como si no hubiese humanos".

El *Oráculo* era un nuevo arte de prudencia, a la sazón inexistente, formulado a través de trescientas sentencias, que comenzaba con la persona y terminaba con un canto a la virtud, cadena de todas las perfecciones. Su originalidad estribaba en la fusión de fuentes que subyacía, sin embargo, en unos aforismos propios, que trataban de distanciarse de las colectáneas paremiológicas y sentenciosas al uso. Con él, se inauguraba un género desligado aparentemente de las fuentes clásicas o modernas, aunque las contuviera, asegurando con ello, estilística y conceptualmente, una vigencia que ha permanecido a través de los siglos gracias a su presente gramatical continuo.

Nos encontramos ante un nuevo arte de vivir y obrar por aciertos que cada lector podía ir aplicando a su manera gracias a la memorización de unos aforismos que Gracián había ido desplegando en sus obras anteriores y que continuaría en las futuras. Discreción y prudencia habían ido íntimamente ligadas, en la tradición filosófica y teológica, durante siglos. Recordemos que Cicerón distinguió, en *De inventione*, entre la *discretio* o facultad de discernimiento y la *prudentia* o hábito del entendimiento que permite distinguir entre lo bueno y lo malo. Las diferencias entre una y otra fueron plasmadas por san Alberto Magno en su *Paraýso del Alma* (traducido en Madrid, 1611), entendiendo que la discreción era la madre de las virtudes y la prudencia encaminaba al conocimiento y al amor de Dios. Pero Gracián se detuvo sobre todo en el conocimiento de uno mismo, alejándose de la carga teológica que acarreaba la virtud de la prudencia en el cuaternario de las cardinales formulado por san Agustín, san Alberto Magno y santo Tomás de Aquino.

La ligazón conceptual del *Oráculo* con *El Discreto* es a todas luces evidente y no solo por la hermandad entre discreción y prudencia, sino por la suma de genio e ingenio, saber y valor, desarrollada anteriormente, así como por el encarecimiento de la virtud, sol mayor con el que se cierra el *Arte de prudencia*. En sus aforismos, Gracián eliminó las referencias a personajes, lugares y tiempos que aparecían en las anteriores. Y, si en alguna ocasión aparece un referente clásico directo, lo hace para recoger una conocida cita de Horacio; "quandoque bonus dormitat Homerus" o para asegurar, por ejemplo, el antiguo crédito de la filosofía con el ejemplo de Séneca.

A su vez, el uso del infinitivo en los inicios de algunos aforismos favorece de forma continuada su intemporalidad ("No ser libro verde", "Saber triunfar", "Hacer buena guerra", "Saber estimar", "Saber contradecir"). De esta forma, la frase inicial, seguida de una glosa en la que se encadenan uno o varios aforismos relacionados con la premisa, conforma una sentencia atemporal no exenta, sin embargo, de paradojas o antítesis ("Otros discurren al contrario…", "Saber un poco más y vivir un poco menos").

Gracián combina en el *Oráculo* las series afirmativas con las negativas incitando a la reflexión y a la elección. En todos los aforismos, practica además la técnica de la suspensión, que cristaliza en el 299: "Dejar con hambre. Hase de dejar en los labios aun con el néctar". De este modo, la obra deja picado el apetito del lector para proceder a nuevas lecturas e interpretaciones según las circunstancias y los tiempos. En esa obra, Gracián trató además de proveer al lector de diferentes modos de afrontar los caprichos de la diosa Fortuna, que recrearía más tarde en *El Criticón*. Para ello, ofreció todo tipo de estrategias, disimulos y cautelas sobre cómo sobrevivir en sociedad a través de una escritura cifrada como el propio mundo. Pero en el último aforismo sintetizaría el mayor logro de la felicidad, desplegado en el libro no solo a través del triple juego de llegar a ser sano, santo y sabio, sino en el amplio abanico de ser "prudente, atento, sagaz, cuerdo, sabio, valeroso, reportado, feliz, plausible verdadero y universal héroe".

De este modo, el final de la obra recogió, al igual que los libros de fortuna, de las suertes o de la oca, ligados a la tradición del oráculo de Delfos, una meta conseguida a base de superar todo tipo de obstáculos a lo largo del camino. Esa manera de obrar y avanzar conceptualmente iba unida, en el *Oráculo,* a un estilo lleno de paradojas y enigmas, que se ajustaba a una visión laberíntica del mundo y de la vida en la que su autor trató de ofrecer hilos conductores para salir triunfante en cualquier ocasión. Gracián transformó, además, en sentido moderno, el significado profético que Macrobio asignó al oráculo, al *somnium* y a la *visio,* ofreciendo fórmulas de supervivencia que cada uno debía interpretar y ejecutar a su manera.

Se trataba de un nuevo arte que daba respuesta a cualquier pregunta posible a través del juego entre pasado, presente y futuro, inherente a la prudencia, de forma semejante a como lo hicieron desde antiguo los oráculos caldeos, recordados por Plutarco. Así lo plasmó Tiziano en un cuadro alegórico de hacia 1560 sobre la prudencia, conservado en la National Gallery, donde el paso del tiempo coincidía con el de las edades del hombre. Gracián ampliaría ese esquema tripartito de forma literaria, insertando en la evolución prudencial el decurso de la historia y los principios de la filosofía moral. El tricípite temporal ampliaba las dos caras con las que Cesare Ripa había representado la alegoría de la Prudencia en su *Nueva Iconología* (Padua, 1618). Las mismas con las que Rubens ilustró su "Alegoría de la Prudencia" en 1630. Como señaló Erwin Panofsky respecto al cuadro de Tiziano, la memoria evoca el pasado, la inteligencia juzga el presente y la vista atisba cautelarmente el futuro, en paralelo con la presencia de un lobo, un león y un perro, símbolos de la memoria, la fortaleza y la esperanza, representadas, a su vez, por los rostros de tres hombres: viejo, maduro y joven.

El *Oráculo* de Gracián no se entiende sin la idea de que la historia era, para los clásicos, la madre nutricia de la prudencia, por lo que el alimento histórico estuvo siempre presente en sus tratados, de los que el *Oráculo* fue, en cierto modo, su epítome. La aparición de Alejandro, César, el Gran Capitán, los reyes de Aragón o Isabel la Católica en sus obras dan idea de una filosofía de la historia que, según veremos, era tanto política como moral. Y, como ocurriría en *El Criticón,* Gracián hizo que la historia, que trata de lo particular, estuviera al servicio de la poesía y de la filosofía, que tratan de lo universal.

Las tres caras de la Prudencia eran bien conocidas en España desde la Edad Media y su presencia se generalizó en el Renacimiento a través de los emblemas, los jeroglíficos de Horapolo y las polianteas. Esa virtud estuvo ya presente en *El Héroe* y permanecería con distintas variantes en el resto de las obras del jesuita, incluido *El Criticón*, publicado en tres partes vivenciales, como luego veremos, en las que esa imagen se reflejó como evolución temporal y moral de las edades del hombre. Pero antes, el *Oráculo* la ejemplificó en un arte de prudencia compuesto por 300 aforismos de nuevo cuño, que se alejaban además intencionalmente de los que Juan Eusebio Nieremberg, había desplegado en sus obras y que se publicaron en 1664 con el título de *Aforismos o dictámenes*.

La presentación de un oráculo prudencial para luchar contra la fortuna debió ser percibida como una novedad por su formulación humana separada de la divina, según predicaba el mencionado aforismo de san Ignacio de Loyola recogido por Gracián. En ese sentido, no parece casual que años más tarde apareciese una obra publicada por fray Tomás Francés de Urritigoiti, que elevaba a lo divino los presupuestos del jesuita aragonés. Frente al libro enano del *Oráculo*, la *Idea de la Prudencia, alivio contra la Fortuna. Sentencias de Séneca ponderadas. Acuerdos de la paciencia. Dictámenes para la Resignación* (Zaragoza, Juan de Ybar, 1661), ofrecía en 8º y a lo largo de medio millar de páginas un auténtico *contrafactum* de la obra graciana, pues como dijo Vicente Antonio Ibáñez de Aoiz en los preliminares de la *Idea*, esta trasladaba la doctrina estoica a los principios de las Sagradas Escrituras.

Su autor, fray Tomás Francés de Urritigoiti, pertenecía a una familia de origen navarro pero residente en Aragón, que era muy querida por Baltasar Gracián. Este había dedicado en 1657, como veremos, la tercera parte de *El Criticón* a uno de los cuatro hermanos que ostentaban ese apellido, don Lorenzo Francés de Urritigoiti, deán de Sigüenza, buscando con ello protección a una obra que había suscitado y suscitaría todo tipo de condenas por parte de la Compañía de Jesús. Sin entrar en el análisis de la *Idea de prudencia,* lo cierto es que esta presentaba en su fondo y en su forma, un arte prudencial totalmente opuesto al de Gracián, no solo por su formato y contenido, sino por el tratamiento del género propio de los aforismos. La aprobación apoyaba la idea de ofrecer una obra acerca de una de las virtudes cardinales como la prudencia, que, por su carácter íntegramente religioso, se oponía, aunque no lo expresara, al *Oráculo*.

La familia de los Urritigoiti se desvinculaba, con ese libro, del jesuita Baltasar Gracián, fallecido tres años antes, al ofrecer una *Idea de la prudencia* netamente religiosa, que además venía avalada en los preliminares por miembros vinculados a la orden de san Francisco relacionados con la Inquisición y con cargos relevantes en la iglesia metropolitana de Zaragoza. Un índice de títulos aforismáticos se desplegaba luego en cada uno de los capítulos, que iban refrendados en los márgenes con multitud de fuentes latinas vinculadas a Séneca, san Agustín y otros muchos autores. Ello propiciaba un extenso tratado, que se dirigía en dirección contraria a la del *Oráculo manual y arte de prudencia*, exento de márgenes y apenas sin citas. La *Idea de la Prudencia* de Tomás Francés de Urritigoiti se desarrollaba además a través de un estilo asiático muy distinto al aticismo aforismático de Baltasar Gracián.

El *Oráculo manual y arte de prudencia* ha pasado a la historia como el ejemplo mayor del ingenio y de la agudeza del jesuita aragonés, gozando de plena actualidad en nuestros días. Sus trescientos aforismos recogían una tradición ingeniosa sobre la que su autor había teorizado anteriormente en *Arte de ingenio* y que ampliaría después en *Agudeza y arte de ingenio*. Pues si en el *Oráculo* trató de crear un arte inexistente hasta entonces como el aplicado a la prudencia, también hizo otro tanto, antes y después, en esos dos tratados con los conceptos. La traducción italiana, que apareció sin nombre de autor, *Oracolo manuale ed Arte di prudenza con nuova scielta d´ammaestramenti necessari per tratar negozi o pratticar co´ gli amici* (Milán, Ambrogio Ramellatti, 1685), auguraba, en parte, el curioso destino de una obra leída actualmente con fruición en Wall Street y en el Silicon Valley.

4. EN EL MONTE DE LA MENTE:
ARTE DE INGENIO Y AGUDEZA

El libro *Arte de ingenio. Tratado de la agudeza en que se explican todos los modos, y diferencias de concetos* (Madrid, Juan Sánchez, 1642) sorprendería sin duda a los lectores de su tiempo al codificar y dar reglas por primera vez a un arte que se practicaba con asiduidad y que se asignaba como un rasgo particular de los españoles, según dijimos. Estos tenían un ejemplo máximo de su presencia literaria en *El ingenioso hidalgo don Quijote de la Mancha* (1605 y 1615), que poco o nada tenía que ver con las obras del jesuita aragonés. En ese sentido, cabe considerar también el ingenio verbal, que Maxime Chevalier analizó minuciosamente en el decir popular y en las obras de Francisco de Quevedo, mostrando la inmensa riqueza que la agudeza propiciaba en la tradición oral española.

En el plano teórico, le había precedido el citado *Examen de ingenios* de Huarte de San Juan; una obra aristotélica, que fue una de las más conocidas en la Europa de su tiempo. Siguiendo su principio de la variedad de los ingenios, Gracián trataría de superar, sin embargo, esa y otras poéticas y retóricas al uso creando un arte aplicado a la agudeza y al ingenio conceptuales. El asunto no era sin embargo ajeno a otros autores europeos, como el jesuita polaco M. C. Sarviewski con *De acuto et arguto* (1627), aunque el posible conocimiento de esa obra por parte de Gracián todavía esté por determinar.

La originalidad del jesuita aragonés al dotar de reglas a la agudeza no quita sin embargo que fuera lector de la obra de Matteo Peregrini *Delle acutezze che altrimenti spiriti vivezze e concetti volgarmente si apellano* (Genova, 1639), luego ampliada en *I fonti dell´ingegno* (Bolonia, Zeno, 1650). También cabe señalar su deuda con la obra del jesuita Sebastián de Matienzo, *Heroida ovidiana* (Burdeos,1628), salida a nombre de Sebastián Alvarado de Alvear, de la que, a juicio de Alberto Blecua, Gracián tomó medio centenar de ejemplos; o, en menor grado, con la *Novissima Polyanthea* de Mirabellio, según señaló José Enrique Laplana.

La historia del concepto contaba también con otros precedentes, como el aplicado a la historia sagrada en el *Promptuarium Conceptuum* (1604) de Rafael Sarmiento o los *Conceptos extravagantes y peregrinos* (1619) de fray Tomás Ramón. Pero Gracián se alejó del fin religioso de tales autores, aunque mezclara ejemplos divinos y humanos a la hora de dar reglas sobre el ingenio. Al secularizar el concepto, se apartó también del influyente jesuita italiano Antonio Possevino, que, en su *Bibliotheca Selecta* (Roma, Dominicus Basa, (1593) y en *Coltura de gl´ ingegni* (Vicenza, Gioio Greco, 1598), lo había situado en la unión de sabiduría y religión propiciada por la aludida *Ratio Studiorum*.

La aplicación de Gracián al concepto partía de un sentido amplio, ligado a los universales aristotélicos, que consolidaría más tarde Kant como marco en el que se encaja la experiencia posible. Aparte de la agudeza compuesta fingida y de ofrecer en el *Arte de ingenio* un tratado sobre los estilos lacónico y asiático, desplegados en una infinita variedad al igual que los gustos, el hallazgo mayor del jesuita aragonés se plasmó sobre todo en la formulación de la mencionada libertad de ingenio.

El *Arte de ingenio* estaba dividido en cincuenta discursos e iba precedido de la aprobación positiva de Juan Bautista de Ávila, lector de Letras Divinas en el Colegio Imperial, que la Compañía de Jesús regentaba en Madrid. Ello confirmaba la sanción que esta daba a una obra que salía a nombre de Lorenzo Gracián, pero de la que conocían perfectamente quién había sido su verdadero autor. Dedicada al joven príncipe Baltasar Carlos, su prólogo asentaba la novedad de un libro consagrado al ingenio en el que se explicaba la variedad y diferencia de los conceptos a través de ejemplos emanados fundamentalmente de autores griegos, latinos, italianos, portugueses y españoles.

De factura posterior a *El Héroe* y a *El Político,* el *Arte de ingenio* mostraba sin embargo una labor de años, durante los cuales su autor había ido recogiendo un sinfín de citas acumuladas en sus cartapacios escolares y personales. Gracias a su contenido didáctico, la obra se difundió por los colegios de la Compañía y hasta consiguió que el rey Felipe IV mandara hacer de ella una copia manuscrita, como se hizo con otras obras con posterioridad a la aparición de la imprenta.

Partiendo de la lucha renacentista entre retórica y dialéctica, Gracián no solo se fijó en los aspectos elocutivos, sino en los morales, descubriendo además algo tan singular como la *agudeza de acción*. Pero, además, analizó un nuevo concepto, el de la *agudeza de acción fingida*, que conllevaba teorizar y formular reglas sobre la capacidad generativa del entendimiento aplicado a la narración ficticia. De ese modo, superando la dicotomía entre arte e ingenio, se podían crear ficciones ingeniosas, fruto del parto del entendimiento. Las nupcias entre Arte e Ingenio, fundamentales en la *Agudeza*, se plantearon ya en el libro *Arte de ingenio*, donde el jesuita aragonés especificó que la Agudeza "consorte es del Ingenio, Progenitora de la Sutileza".

Llegamos así a la esencia del ingenio, derivado de *ingenere*, engendrar, como ya vio Huarte de San Juan en su mencionado *Examen de ingenios*, que el jesuita aragonés formuló y desarrolló en *Arte de ingenio* y en la posterior *Agudeza y arte de ingenio*. Me refiero a las susodichas bodas que el jesuita propuso expresamente entre el masculino Ingenio y el Arte, femenino y capaz de engendrar conceptos que participaban del sentido etimológico y generativo de *concipere*.

Como señaló Ezio Raimondi, Emmanuele Tesauro ofrecería años más tarde en *Il Cannocchiale Aristotelico* (1655) una explicación sobre el tema, tan artificiosa como laberíntica, en la que la agudeza, parto del entendimiento, aparecía como madre del concepto ingenioso. Pero, según dijo Hidalgo Serna, Tesauro, que partió de la agudeza verbal, lapidaria y simbólica, elevó a lo divino tal proceso, en tanto que Gracián lo había presentado como un parto de la mente alejado de la filosofía aristotélico-tomista.

Los ejemplos sacados de humanistas, predicadores, historiadores, filósofos y autores de literatura propiamente dicha, que aparecen en el *Arte de ingenio* graciano, funcionan de un modo muy distinto al de las florestas, polianteas y oficinas como las de Franc Titelmans o Ravisius Textor, al clasificarse según reglas conceptuales específicas y no de forma enciclopédica. El jesuita aragonés mezcló horacianamente en su obra lo útil con lo deleitable, integrándolos de una forma coincidente con la de Góngora cuando habló de la utilidad del deleite. Gracias a ello, se ofrecía un arte atemporal, que, a despecho de las dos corrientes literarias, culterana y conceptista, acrisoladas por la historiografía, probaba con multitud de ejemplos que la literatura en general y la española en particular había sido y seguía siendo esencialmente conceptista.

Todo ello iba unido al modelo de su paisano Marcial, a quien consideró "émulo de la agudeza y de la cultura". *Arte de ingenio* ofrecía así un amplio panorama literario, que consistía en la presencia literaria y filosófica del concepto. A ese respecto, conviene recordar que su coetáneo Pedro Calderón de la Barca distinguió no solo entre *concepto imaginado* y *concepto práctico*, sino entre un concepto simple, forjado por el entendimiento, y otro más complejo, ejercitado por la lengua o por la pluma, lo que sitúa la obra de Gracián en el eje conceptual sobre el que giró la literatura de su tiempo, incluido el teatro.

La *Agudeza y arte de ingenio en que se explican todos los modos, y diferencias de Concetos, con exemplos escogidos de todo lo mas bien dicho, assi sacro, como humano* (Huesca, Juan Nogués, 1648) amplió, seis años después, los contenidos y ejemplos de *Arte de ingenio*, pero, aunque, por el título y el número de sus discursos, pretendiese ser un libro distinto, lo cierto es que recogía lo esencial del anterior, al definir el concepto como "un acto del entendimiento que exprime la correspondencia entre los objetos", estableciendo un sinfín de correlaciones ingeniosas que se extendían al infinito como hidra bocal. A la zaga del *Arte poética castellana* (1592) de Rengifo y del *Mercurius Trimegistus* (1621) de Jiménez Patón, Gracián ofreció sin embargo una retórica y una estilística de nuevo cuño en las que, al plano verbal y conceptual, se unía el vital, comprendido en la agudeza de acción.

La *Agudeza y arte de ingenio* estaba dividida en dos partes, pues, a los cincuenta discursos de *Arte de ingenio*, añadió otros trece, a partir del "Tratado seguido de la agudeza compuesta". La obra ofrecía además numerosos ejemplos sacados de la poesía aragonesa, junto a las traducciones que el canónigo oscense Manuel de Salinas y Lizana había hecho de los epigramas de Marcial; campo estudiado por Pablo Cuevas. Las opiniones negativas de Gracián sobre la falta de rigor de Salinas como traductor y, posteriormente, como autor de *La Casta Susana* (Huesca, Juan Francisco de Larumbe, 1651) fueron la causa de una enemistad entre ambos que se extendería también a sus relaciones con el carmelita fray Jerónimo de San José. En esta ocasión, el jesuita entró además a mansalva en la mencionada *Heroida Ovidiana* (1628) del padre Matienzo a la hora de ejemplificar la *Agudeza*, aunque sin perder de vista el empleo clásico y universal del ingenio.

De este modo, el *Arte* de 1642 aparecía amplificado, cuantitativa y cualitativamente, sobre todo con la adición de los discursos relacionados con la agudeza compuesta. En este caso, Lastanosa figuraba también como quien sacaba a luz el libro de Lorenzo Gracián. El aragonesismo del libro, ampliamente estudiado por Antonio Pérez Lasheras, lo rubricaba la dedicatoria, firmada por el mismo mecenas, a don Antonio Jiménez de Urrea, conde de Aranda y grande de España. En cuanto al prólogo, su autor anunciaba la novedad de no haber revestido el libro con los hábitos alegóricos parnasianos con los que se encubrían en su tiempo los tratados retóricos y poéticos, caso del *Viaje del Parnaso* cervantino. Pero la principal novedad, que se dibujaba ya en el primer discurso, consistía, como ya se ha dicho, en buscar las reglas artísticas del ingenio. Este, según ha señalado por extenso Mercedes Blanco, fue punta de lanza de las retóricas de su tiempo.

Aunque Gracián se sirviera para su obra de polianteas, florestas y colecciones de apotegmas, refranes y emblemas de numerosos autores, operó con gran libertad ofreciendo abundantes pruebas de la infinitud del ingenio y de su aplicación a partir de multitud de ejemplos sacros y profanos. Como señalamos en el prólogo a nuestra edición facsímil (Zaragoza, IFC, 2007), la *Agudeza* de 1648 nos habla de la necesidad de superar el análisis meramente elocutivo de las obras pertenecientes al Barroco. Pues este término, surgido en los albores del siglo XX al calor de la historiografía de las bellas artes, ha minusvalorado la larga y fructífera historia literaria de los conceptos, así como la carga filosófica y moral de las obras publicadas en el siglo XVII.

Esa perspectiva conceptual venía de atrás y ya estaba presente en la retórica de Cicerón y en la de Quintiliano, al igual que en la practicada por humanistas como Lorenzo Valla o Alonso López Pinciano, pero carecía de reglas que la formularan convenientemente. Estos y otros autores tuvieron además una idea filosófica de la poética que sería fundamental en la obra de Gracián, acorde con la idea aquilatada por Pinciano de los "filopoetas".

La educación jesuítica, basada en la lectura y el comentario de los textos recogidos en los cartapacios escolares, estuvo también detrás de la unión de la retórica y de la poética que muestra la *Agudeza*. No en vano, como se ha señalado, la obra fue consecuencia de un *Arte de ingenio* claramente educativo y dedicado a un joven príncipe, que debía aprender a hablar, escribir y obrar ingeniosamente con exactitud y excelsitud de fondo y forma. Ambos tratados recogieron no solo el acervo de la literatura escrita, sino de la oral, basada en los refranes, los dichos, las canciones, la poesía recitada en voz alta, el teatro y la oratoria civil y sagrada. Sin olvidar la variante artística y pictórica de los jeroglíficos y emblemas o la influencia del *Corpus Hermeticum* de Hermes Trimegisto.

Al abrigo de la biblioteca de Lastanosa en Huesca y contando con las relaciones amistosas de Andrés de Uztarroz en Zaragoza o de José Pellicer en Madrid, Gracián trató de reflejar, además, en la *Agudeza* de 1648, el lugar que Aragón ocupaba respecto al uso de los conceptos ingeniosos. Se trataba sin duda de una vindicación personal, pero también política, dado que corría en paralelo con el proceso de restitución histórica de Aragón en la historiografía española, básicamente castellana. No en vano la obra aludía a Pedro Porter de Casanate, un almirante

aragonés que había emprendido, por esos años, la ardua y finalmente inútil empresa de convertir California en un nuevo Reino
de Aragón. Por otro lado, entre *Arte de ingenio* y la *Agudeza*,
el tiempo no había pasado en balde, pues el jesuita Baltasar
Gracián había participado ya en la Guerra de Cataluña, donde,
según dijimos, fue considerado "Padre de la Victoria" por su
valor frente a las tropas francesas del conde de Harcourt como
capellán castrense en el Socorro de Lérida.

Publicada en 4º, la *Agudeza y arte de ingenio* superaba con
mucho, en páginas y formato impreso, a *Arte de ingenio*, que
lo había sido en 8º, aferrándose su autor a un encarecimiento
de lo aragonés, patente en las susodichas traducciones de Marcial por Manuel de Salinas y la dedicatoria al conde de Aranda,
esposo de la escritora doña Luisa María de Padilla, con la que
desarrolló un amplio programa cultural y religioso en Épila y
en Zaragoza. Su presencia era sin duda señal del fuerte aragonesismo de la *Agudeza*, aunque sea evidente que ello no mer-
mase el sentido universal de la obra.

Sin entrar en una emisión publicada un año más tarde en
Huesca ni en la edición contrahecha, lo cierto es que esta es la
obra de la que se han conservado más ejemplares de la *editio
princeps* en las bibliotecas de Europa y América, lo que da señales del amplio uso de la *Agudez*a, a pesar de su corta tirada. La
Compañía de Jesús no parece pusiera objeciones a un libro que
consideraría continuación de *Arte de ingenio*, sancionado por
ella y que sería utilizado en sus colegios al igual que la *Censura
de la elocuencia* (Zaragoza, 1648) de Gonzalo Pérez de Ledesma y otras obras semejantes. La *Agudeza* fue además el libro
graciano que más alusiones y comentarios suscitó en su tiempo,
conservándose diversas cartas alusivas a las solicitudes de obras
literarias que Gracián quería incorporar en ella.

Al jesuita aragonés se le había quedado corta la retórica tradicional y buscó en la agudeza de ingenio nuevas correspon-
dencias elocutivas y conceptuales. El tricípite aludido de la
agudeza de pensamiento, palabra y acción, formulado en *Arte
de ingenio* y en la *Agudeza,* se acrisolaría más tarde en *El Criticón*, donde los conceptos, las palabras y la acción evolucio-

narían al unísono en el curso y el discurso de la vida de sus protagonistas. Esta última obra ejemplificaría así el logro de un arte de vivir ingeniosamente a lo largo de las edades del hombre llevado a cabo hasta sus últimas consecuencias.

En ese contexto, Gracián, preocupado, como hiciera Luis Vives en *De ratione dicendi* (1533), por la relación entre las palabras y las cosas, añadió, a la agudeza conceptual, verbal y de acción, la *circunstancia especial*, con la que trató de fundar la conformidad de los términos al compararlos conceptualmente. Esta tenía una dimensión dialéctica, moral e histórica que abarcaba no solo el ámbito del concepto, sino el de la elocución, al trasladar los presupuestos de la agudeza al diario vivir. Gracián opuso además los términos "sustancia" y "circunstancia", considerando que la segunda era un accidente de la primera, pues, a su juicio, como dice en el *Oráculo*: "La realidad y el modo. No basta la substancia. Requiérese también la circunstancia".

Los ejemplos de *circunstancia especial* que aparecen en la *Agudeza*, tanto en prosa como en verso, muestran el uso de tropos y figuras como un medio para ofrecer al lector acciones extraordinarias y paradójicas por desempeño en el hecho. La obra unía a un tiempo la poesía, en el sentido amplio que le dio Aristóteles en su *Poética*, a la filosofía moral e incluso a la política. Así se ve en los ejemplos que se derivan de los *dicta et facta memorabilia* aplicados a las acciones de Carlos V y de otros personajes. Pues si la historia se basaba en lo particular y la poesía en lo universal, también podía ocurrir que, en ocasiones, la primera se basara en un sujeto universal y en una circunstancia especial.

Todo ello supone, en la *Agudeza,* una constante dialéctica entre *res, verba* e *ingenium,* puesta, en ocasiones, al servicio de la filosofía moral. En cualquier caso, la obra se basó constantemente en el principio de la variedad, acrisolado en el famoso verso del soneto 38 de Serafino Aquilano, "e per tal variar natura è bella", citado, entre otros, por Cervantes en *La Galatea* y por Lope de Vega en su *Arte nuevo de hacer comedias.*

Octavio Paz creyó que la *Agudeza y arte de ingenio* de Baltasar Gracián era un auténtico vademécum de la poesía española del Siglo de Oro. Pero esta supuso además una inmersión en el mundo clásico y renacentista, aunque no faltasen en ella referencias a la Edad Media y a la agudeza de acción fingida, subyacentes también en la prosa narrativa y en el teatro. Recordemos sus referencias a *El Conde Lucanor* de don Juan Manuel o al *Guzmán de Alfarache* de Mateo Alemán, culminación de la novela picaresca y que tanto influiría en *El Criticón.*

En este punto, ofrece un interés evidente la lectura que Gracián pudo hacer de la *Peregrinación sabia* (1635) de Alonso Jerónimo de Salas Barbadillo a la hora de escribir *El Criticón*, si tenemos en cuenta las lecciones morales y satíricas que sus dos protagonistas, un zorro y su hijo, ofrecen bajo imágenes animalizadas con las que su autor satirizaba dichas novelas de caballerías. Barbadillo siguió, en buena parte, el modelo de *El coloquio de los perros* cervantino, pero ridiculizando también dichas novelas de caballerías, como ocurre con el perro llamado Don Florisel de Hircania. Gracián no fue ajeno a esa crítica quijotesca de lo que consideró *hazañería* y que Salas plasmó en esa obra diciendo que "Las temeridades no son hazañas y es locura y no valor acometer empresas imposibles".

Por otro lado, la *Agudeza* de Gracián no deja de ser un precedente curioso de la moderna estilística, aplicada por Dámaso Alonso y otros críticos al análisis de la poesía. El jesuita aragonés supo apreciar además las novedades aportadas por Góngora, maestro de la agudeza conceptuosa. Cabe recordar, en ese sentido, que el adalid del culteranismo fue el autor más citado en esa obra graciana, clave del conceptismo.

En *Arte de ingenio* y en la *Agudeza,* Gracián rindió además un gran culto a la literatura italiana, destacando las referencias a Italia y a los italianos, a veces antitéticas. Aparte de sus mencionadas críticas a Maquiavelo y sus referencias a Botero y Malvezzi, la presencia de Dante y Petrarca estuvo acompañada de la de *El Cortesano* de Baltasar de Castiglione, y, sobre todo, de la del "gustoso" Boquelino, cuyos ingeniosos *Ragguagli* le enfadaban, sin embargo, por lo difuso. Gracián elogió también al culto, dulce e ingenioso Marino, citando su *Lira* y sus *Rime,* así como al maestro del estilo Torquato Tasso. Pero la obra que le interesó sobremanera fue *Il Pastor Fido* de Guarini, lleno de dulzura y agudeza, a quien consideró "Fénix de Italia". Aparte, cabe añadir la impronta de la traducción que Francisco hizo de la Torre hizo de las *Agudezas* (Madrid, F. Sanz, 1647) de Juan Owen.

El horacianismo del jesuita aragonés estuvo presente a lo largo de todas sus obras y particularmente en la *Agudeza*, donde trató de superar el punto de vista elocutivo de su *Ars poetica* para profundizar en el arte del ingenio conceptual. Más adelante, *El Criticón* desmitificaría la larga tradición de jardines y pensiles vinculados al "Beatus ille" de Horacio, tan ricamente recreado por la poesía y la prosa del Siglo de Oro. Y otro tanto podemos decir de Ovidio, al transformar en símbolos los mitos de su *Metamorfosis,* que el jesuita consideraba como "bocados de sabiduría". La modernidad de esos y otros planteamientos en la *Agudeza* se plasmó posteriormente en *El Criticón*, donde modernizó los antiguos mitos transformándolos en otros de cuño propio. Como dijo Roberto Calasso en *La literatura y los dioses* (Barcelona, Anagrama, 2001), "finalizada la liturgia de los mitos, todo acabó en la historia de la literatura".

La proyección de la *Agudeza* en las poéticas del Siglo de las Luces fue más bien negativa o ausente, dado que estas atacaban el dictado cultista del siglo anterior. Bastará recordar el silencio de Javier Lampillas en su *Ensayo histórico apologético de la Literatura Española* (1782-1786) o las críticas de la mencionada *Poética* (1737) que Ignacio de Luzán publicó a su vuelta de Italia. Este se basó fundamentalmente en el ingenio y la erudición, pero atacó a Gracián, a Tesauro y a Marino como símbolos del mal gusto.

La *Agudeza,* como el resto de las obras de Gracián, fue interpretada a veces de forma paradójica por los escritores neoclásicos, como ocurrió con el aludido Gregorio Mayans, que la admiró y leyó con mucha atención, aunque no estuviera de acuerdo con sus dictados estilísticos. Y otro tanto aconteció con *El Criticón*, que consideró rico en la invención, aunque lamentara su estilo. Esa perspectiva llegó hasta Marcelino Menéndez Pelayo, que atacó la *Agudeza* en su *Historia de las ideas estéticas,* pese a admirar el ingenio y la erudición de su autor y hasta el humorismo profundo de *El Criticón*, aunque no comulgara con su estilo.

La *Agudeza* refrendó algunos vocablos del *Diccionario de Autoridades* de la Real Academia Española, pese a que no suscribiera con el nombre del jesuita otros términos en los que este fue maestro, como los de *concepto* o *crisis*. En este punto, ocurrió como con otros muchos autores del Barroco, cuya autoridad no tuvieron más remedio que incluir los académicos dieciochescos en la descripción de las voces del español, pese a que no compartieran su estética. También cabe considerar la apreciación por Gracián de algunos de los jesuitas expulsos que se marcharon a Italia, como el mencionado abate Juan Andrés, que lo consideró filósofo moral.

El amplio distanciamiento de las historias literarias y de las poéticas dieciochescas respecto al siglo XVII pesaría sobremanera en la crítica posterior relacionada con la *Agudeza* y otras obras de Gracián, al igual que le ocurrió a Góngora, cuya resurrección tuvo que esperar a principios del siglo XX. Téngase en cuenta que hasta entonces no se imprimió la *Agudeza* en edición suelta, aunque circulara junto a las *Obras* del jesuita. Pero ese es ya otro capítulo que forma parte de la historia de la recepción del Barroco y de su proyección en Hispanoamérica.

Cabe recordar al respecto que Octavio Paz resaltó la huella graciana en sor Juana Inés de la Cruz, así como la valoración positiva de Lezama Lima y de Severo Sarduy sobre un periodo hispano como el del Barroco que, andando los siglos, daría lugar al realismo mágico. En ese trayecto, aparte de la susodicha impronta de la estilística representada por Dámaso Alonso, hay que considerar la valoración positiva del conceptismo realizada por R. O. Jones, o la de Alexander A. Parker respecto a Calderón y que también alcanzó a Gracián. Su presencia en *La isla del día de antes* de Umberto Eco y en otros escritores afectos al laconismo del jesuita aragonés, como Augusto Monterroso, muestran la vigencia actual del ingenio y del laconismo de la *Agudeza*, cuyo autor erigió en el monte de la mente un arte nuevo que ha seguido brillando hasta nuestros días como sol del ingenio.

5. LA GUSTOSA HISTORIA

El Héroe, El Político, El Discreto y el resto de las obras de Baltasar Gracián, a salvo de *El Comulgatorio*, se insertan en la historia y son historia en el sentido humanístico que concedía a esta un significado filosófico y moral, a través de una tradición ancestral en la que la filosofía se mezclaba con ella desde Aristóteles a Luis Vives. El jesuita siguió fielmente las huellas de Tácito, Polibio, Tucídides, Tito Livio, Heródoto y Plutarco, junto a una idea de la filosofía de la historia, considerada como vehículo moral, que, a partir de Cicerón, siguieron Bruni, Valla, Guarini o Poliziano. Todo ello surgía de una concepción universalista del hombre y de la historia, patente en los primeros tratados del jesuita, donde esta se plasmaba en los catálogos de personajes ejemplares convertidos en modelos imitables, al igual que ocurriría más tarde a en *El Criticón*.

La diferencia entre historia y fábula, que ya tuvo en Cicerón un exponente fundamental y que estuvo presente en las obras de Cervantes, fue capital en la historiografía aragonesa desde Jerónimo Zurita a los cronistas e historiadores coetáneos de Gracián. Las academias aragonesas de su tiempo, como la inaugurada por Lupercio Leonardo de Argensola, la posterior Academia de los Anhelantes o la Academia Pítima contra la Ociosidad concedieron un papel fundamental a la historia en sus debates y obras, tratando además de restituir a Aragón el papel que se le había negado en la historiografía castellana, incluido el desempeñado en el descubrimiento de América.

En ese panorama, la obra de mayor relieve internacional fue sin duda la *Conquista de las Islas Malucas* (Madrid, Alonso Martín, 1609) de Bartolomé Leonardo de Argensola, que fue traducida al francés, al inglés y al alemán, y cuya impronta en *El Criticón* cabría considerar detenidamente. Pero la amplia incursión en la historia por parte de Gracián en sus primeros tratados disminuyó considerablemente en el *Oráculo*, donde, como dijimos, redujo al mínimo las referencias históricas, centrando sus aforismos en la idea de que la prudencia es luz y maestra de la historia, según había afirmado ya Justo Lipsio.

En ese sentido, cabe recordar también una obra singular, como fue la del aludido carmelita fray Jerónimo de San José, contemporáneo del jesuita y durante cierto tiempo amigo suyo. Me refiero al *Genio de la Historia*, de factura anterior a la de su publicación en 1651 y que ha sido calificado como el mayor intento, en su época, dedicado a ofrecer la teoría de la historia. En el libro del carmelita, encontramos un proceso de secularización de la historia que tenía además muy en cuenta el papel político de la retórica. De ahí que sea fundamental comparar esa obra con *Arte de ingenio* y *Agudeza y arte de ingenio,* donde el jesuita aragonés había desarrollado anteriormente una poética conceptual de la historia.

Recordemos que este ensalzó y tomó como ejemplo elocutivo a Plinio en su *Panegírico de Trajano, imperator Optimus* al principio y al final de la *Agudeza*, donde aludió a la práctica de la historia y a su poética. Gracián elogió también la agudeza de Tácito, tan querido por los Argensola, así como las de Bodin y Muret en Francia, que cultivaron los jesuitas en la *Ratio Studiorum*. Tácito fue en realidad, como ya indicamos, un revulsivo contra Maquiavelo. De ahí que fuese elogiado en el siglo XVI por Vives, Zurita y Antonio Agustín o, un siglo después, por Álamos de Barrientos y el padre Rivadeneira entre otros.

Partidario de la variedad de los estilos y consciente de que los historiadores habían cultivado tanto el estilo ático como el asiático, Gracián ofreció ejemplos de ambos en sus obras. A su juicio, la *narratio* era "el cañamazo de la historia, pero sobre él deben tejerse interpretaciones y juicios". Y, respecto a su función, no pudo ser más elocuente cuando dijo en el discurso LXI de la *Agudeza*: "La desnuda narración es como el canto llano, sobre él se echa el agradable artificioso contrapunto".

Fray Jerónimo de San José, que se abstuvo de citar a Gracián en el *Genio de la historia*, ofreció una obra sin excesos de fondo y forma, siguiendo tanto a Cicerón y Quintiliano como a Pontano, Robortello, Melchor Cano o Cabrera de Córdoba. Su obra mostró la dignidad humanística de la historia, relacionándola con la prudencia y considerando la verdad histórica en un sentido universal y amplio. Para ello, pulió y limó el estilo a través del uso de la brevedad, la claridad y la verosimilitud. Se trataba de tres reglas que había seguido Luciano en *Cómo ha de escribirse la historia*, propiciando el alejamiento de lo vulgar y de lo sublime, y eligiendo el justo medio. Gracián siguió también sus ideas sobre la incorruptibilidad de los historiadores y la búsqueda de la verdad. Él se dedicó a analizar y a emplear todo tipo de agudezas conceptuales y elocutivas en torno a la historia, por lo que podemos afirmar que al carmelita fray Jerónimo le preocupaba el concepto de la historia y al jesuita la historia del concepto, aunque no sean pocos los paralelismos existentes entre ambos.

El Criticón ofrecería años más tarde cuanto representaba la "gustosa historia", haciendo que Andrenio la aprendiese en sus principios educativos. En esa obra, presentaría además todo un catálogo de fuentes historiográficas y de personajes antiguos y modernos en relación con las edades del hombre, tipificadas ya por los pitagóricos. Pero si en su primera parte la historia inmortalizaba a los héroes, Gracián recordaría en la segunda el *Panegírico* de Plinio desde una perspectiva satírica, al poner en duda la existencia de Rómulos y Alejandros o de un nuevo Fernando el Católico en su tiempo. Sin detenernos en el análisis que el tema ocupa en el "Museo del discreto" (*El Criticón*, II, IV), lo cierto es que Gracián ofrece un amplio panorama del papel educativo de la historia y de los historiadores, como el padre Mariana o Philippe de Commines, cargando las tintas contra el primero y elogiando al segundo.

El jesuita aragonés combinó la épica, la mitología y la historia en *El Criticón*, pero deslindándolas y poniendo en tela de juicio las falsificaciones y los engaños que esta última podía contener en la tradición historiográfica. La perspectiva histórica de los tratados se ajustaría, en esa obra, al género satírico a través de un proceso de *ruminatio* que transformaba su inicial optimismo en amargura. En "Los prodigios de Salastano" (II, II), su reflexión sobre el papel de la historia y de los anticuarios estaba lleno, como veremos, de un pesimismo que también se reflejó en el mencionado "Museo del discreto".

Gracián hizo además un ejercicio comparativo entre los historiadores antiguos y modernos, demostrando hasta qué punto era certera la imagen de la *Nuova iconologia* (Padua, 1618) de Cesare Ripa, cuando dibujó alegóricamente a la Historia escribiendo sobre las espaldas del Tiempo, que le hacía de atril. Pero Gracián creó además una nueva imagen más dinámica al hacer que el Tiempo, enemigo de las Horas y que mata huyendo, como dijo Quevedo, fuese el guía de los peregrinos que les condujo a la estancia de la Historia en *El Criticón*.

Gracián puso además en tela de juicio las plumas alquiladas o compradas, llenas de falsedades, y a aquellos historiadores que atendían más a la colocación de las palabras que al "alma de la historia". Su reticencia alcanzaba también a las plumas confitadas, que se ponían al servicio de aquellos monarcas que buscaran el encarecimiento de sus obras. La lista de historiadores que merecieron su elogio, desde Tácito y Catarino, a Guicciardini, José Pellicer, Uztarroz, Margarita de Valois o Pierre Mattieu, mostró su amplio dominio sobre una materia que gozó de atención constante desde su primer tratado, *El Héroe*.

En la segunda parte de *El Criticón,* Gracián arremetería contra el coleccionismo indiscriminado que propiciaba las falsificaciones y, en la tercera, aparecería la Verdad preñada por el Tiempo y pariendo verdades como hijos. El reino de Vejecia, sobre el que volveremos, propició esa visión desengañada con la que denunció a algunos supuestos héroes antiguos y modernos, pues, en la rueda del tiempo, nada era ya lo que había sido.

El belmontino consideró que el poeta era mucho más libre que el historiador a la hora de resucitar el pasado, aunque, a esa perspectiva de la historia y de la poesía, se uniera, como de costumbre, la filosofía moral. Sin embargo, la relación entre la historia, el arte y la verdad no se entienden, en sus obras, sin tener en cuenta a la memoria, concebida como un arte compuesto de lugares e imágenes en el que también hay espacio para el arte del olvido, que, por cierto, incluían algunas retóricas en su parte final.

Respecto a la fama, Gracián siguió los *Diálogos de los muertos* de Luciano a la hora de atacar las falsificaciones de la historia desde una perspectiva satírica que, sin embargo, también era salvífica para aquellos que, como Fernando el Católico y otros muchos personajes habían merecido traspasar las puertas de la eternidad tras ser examinados en *El Criticón* por el personaje del Mérito. Este no solo salvó a personajes históricos como Fernando el Católico o el Gran Capitán, figura señera del jesuita, como señaló José Enrique Ruiz Doménec, sino a Andrenio, a Critilo y a cuantos siguieran el camino de la virtud y del valor.

6. UNA PRESENCIA REAL: *EL COMULGATORIO*

Entre la publicación de la segunda y la tercera parte de *El Criticón*, salió a la luz, en la imprenta zaragozana de Juan de Ybar, *El Comulgatorio* (1655), publicado esta vez a nombre de su verdadero autor, Baltasar Gracián, que aparecía ya en la portada del libro como miembro de la Compañía de Jesús y lector de Escritura. El título aclaraba que contenía varias meditaciones para que quienes frecuentaban la sagrada comunión pudieran preparase para recibir ese sacramento, comulgar y dar gracias. El jesuita trató de ofrecer un tratado útil para los comulgantes en el que cada meditación se dividía en cuatro partes. Estas se desarrollaban a través de un despliegue elocutivo y conceptual en el que no solo se plasmaban las susodichas nupcias entre Arte e Ingenio, sino las del alma con el cuerpo de Cristo, lo que concluiría finalmente en una acción de gracias por lo experimentado.

Ese tratado religioso, dedicado a la marquesa de Valdueza, camarera de la reina, se apartaba totalmente del laicismo de las demás obras de su autor, lo que se ha interpretado como una autodefensa frente a los problemas que este mantenía con la Compañía de Jesús, disconforme con el contenido de las dos primeras partes de *El Criticón,* publicadas anteriormente, Es llamativo al respecto que el padre provincial Diego de Alastuey firmase la aprobación por encargo del general de los jesuitas Gosvino Niquel, pues ello suscribía la ortodoxia de la obra y el permiso de la Compañía al publicar *El Comulgatorio.*

Pero, a nuestro juicio, este pequeño opúsculo fue mucho más que una defensa circunstancial de Gracián ante sus superiores y merece ubicarse, con todo derecho, en la mejor tradición de los libros de espiritualidad ascética de su tiempo y, en menor grado, con los de mística. Su carácter didáctico, resaltado en el título, se amplió a través de la medida estructura que ofrecen sus cincuenta meditaciones. El contenido y el lenguaje eran además completamente nuevos, si los comparamos con el resto de los libros del jesuita, aunque coincidiera con ellos en el despliegue agudo e ingenioso con el que se trasladan los conceptos provenientes de la teología y del tratadismo religioso, insertando incluso términos coloquiales y hasta vulgares.

Basado en la presencia real de Cristo en la Eucaristía y con una finalidad claramente utilitaria, *El Comulgatorio* no solo casaba con la práctica de un sacramento ejercitado y exaltado en toda la cristiandad y particularmente en la Compañía de Jesús, sino fomentado y amparado por la Casa de Austria, que lo tuvo como señera y lo recreó en sus símbolos literarios y artísticos. Para su buen entendimiento, conviene recordar que su autor lo escribió siendo lector de Escritura en el colegio zaragozano de la Compañía de Jesús, donde desarrolló sus conocimiento bíblicos, patrísticos y escolásticos.

El Comulgatorio mostraba además una clara filiación con los *Ejercicios espirituales* de san Ignacio de Loyola, pertenecientes al género de las meditaciones. A ello habría que añadir las constantes referencias a la liturgia y a la tradición hagiográfica, que consolidó Alonso de Villegas en las dos partes de su *Flos sanctorum*. Pero la obra debe también entroncarse con la rica tradición alegórica de los autos sacramentales de Lope de Vega, Valdivielso y Calderón de la Barca.

El paralelo con los autos, cuyo centro y fin era la Eucaristía, obligaba a la distinción calderoniana entre asunto y argumento, que Gracián respetó en buena parte, variando su argumentación según los temas inherentes al calendario litúrgico, pero girando siempre en torno al asunto nodular de la comunión. Los lectores de la época, hasta la prohibición de los autos en 1765, estuvieron muy familiarizados con un género alegórico, que se representaba públicamente en España y América durante las fiestas del Corpus Christi. En ese sacramento, que terminaba siempre con una acción de gracias, culminaba la unión de la palabra y del cuerpo de Cristo, plasmada en el misterio de la Redención. El triple proceso de adoración, devoción y contemplación conformó, en esa obra de Gracián, un camino que conducía a la eternidad celeste para quienes lo practicaran.

Aparte habría que considerar la faceta de predicador que cultivó Baltasar Gracián y con la que alcanzó una evidente notoriedad. Sobre todo en Madrid, donde sus sermones fueron aplaudidos por su dominio de la oratoria sagrada. Esa fama de gran altura retórica, a veces exagerada, fue criticada por sus superiores, aunque esta debe contrastarse con la sencillez de los sermones populares que llevaban a cabo los jesuitas en la práctica, como la recogida en la *Predicación fructuosa* (Zaragoza, 1650) del padre Jerónimo Continente; una obra que contó con la colaboración de Baltasar Gracián.

El Comulgatorio es sin duda el libro más exultante y afectivo del jesuita aragonés, quien lo llenó de imágenes, símbolos, metáforas y alegorías, siguiendo a veces los ejemplos de la prosa y la poesía amorosa de su tiempo, que él había recogido, a lo divino y a lo humano, en su *Agudeza*. Sensorial y pictórico, Gracián visualizó en él la experiencia unitiva del alma con el cuerpo de Cristo, dejándose llevar por un gozo expresado a través de imágenes gustativas, sensoriales y volitivas, que aparecen como antesala del cielo prometido y de la unión eterna con la divinidad. La última meditación, "Para recibir el santísimo sacramento por viático", donde Gracián explica el paso de la vida mortal a la eterna, tendría su contrapartida posterior al final de la tercera parte de *El Criticón*.

Según su autor dijo en el prólogo, *El Comulgatorio* fue la única obra que reconoció legítimamente como suya, añadiendo que era más fruto del afecto que del ingenio. Se trataba de un libro manual como algunos de sus tratados anteriores, para llevar en el seno o en la manga, siguiendo, en su contenido y en su formato, una tradición secular vinculada al sacramento de la comunión. A la larga lista de autores explícitos o implícitos en la obra, como santo Tomás, santa Teresa de Jesús o el padre Eusebio Nieremberg, habría que añadir los de otros muchos que habían escrito sobre el género eucarístico, desde Alfonso el Tostado y Lorenzo Valla a Nebrija, Nicolás de Cusa o el padre Mariana.

También habría que considerar el género específico de las meditaciones sacras, que fray Luis de Granada había acrisolado en su *Tratado de la oración y la meditación* (Salamanca, 1534), luego reeditado con añadidos por san Pedro de Alcántara. Esas y otras obras regidas por la retórica de los afectos aplicada al sacramento eucarístico practicado en la cristiandad explican también las muchas ediciones y traducciones de *El Comulgatorio*. En él, Gracián se deleitó con el ejercicio de una prosa exaltada en la que los deleites amorosos del ágape se convirtieron en *charitas*.

Respecto a la frecuencia de la Eucaristía, las meditaciones se relacionaban con el calendario litúrgico a través de una tabla final, contenida ya en su primera edición. Sus ciclos reflejaban, al igual que en los autos sacramentales, la historia del hombre en el mundo cristiano desde los orígenes hasta el juicio final. La división cuatripartita de *El Comulgatorio* en cada una de sus cincuenta meditaciones favorecía además su sentido mnemotécnico a partir de la doble vinculación de *loci* e *imagines* que articularon tradicionalmente el susodicho arte de la memoria. Este había formado parte de las obras de ascética y mística, como mostró santa Teresa de Jesús en las *Moradas* o san Ignacio de Loyola en los *Ejercicios Espirituales* a través de la *compositio loci*; sin olvidar los famosos *Conceptos espirituales* de Ledesma, tantas veces editados en su tiempo.

Las loas, como los autos sacramentales y las procesiones del Corpus Christi, a las que Gracián tuvo acceso en las ciudades por las que pasó, tuvieron su máxima expresión en Toledo, donde vivió años de juventud, previos a su ingreso en la Compañía de Jesús. Sin olvidar Zaragoza y sobre todo Madrid, donde un Calderón triunfante elevó los autos a la mayor altura literaria a través de la alegoría. El jesuita cultivó esta ocasionalmente en *El Discreto* y en *El Comulgatorio*, llevándola a sus últimos extremos en *El Criticón*. Y, en relación con la Eucaristía, cabe recordar también la rica tradición artística, que se desarrolló ampliamente tras el Concilio de Trento en un sinfín de obras literarias y artísticas, que llenaron de simbología eucarística los palacios, las iglesias y las catedrales de Europa y América.

Ejemplo de ello fueron los tapices de Rubens en su *Apoteosis eucarística* (1628), guardados en el convento de las Descalzas Reales de Madrid, o las custodias de la platería zaragozana del Renacimiento en las catedrales del Pilar y de la Seo, así como en otras iglesias de esa ciudad, incluida la de los jesuitas. La propia Compañía de Jesús fomentó dicho sacramento en su vertiente artística y literaria, íntimamente ligada a la tradición emblemática de Herman Hugo, autor de *Pia Desideria* (Amberes, 1624). La impronta de esa obra, ligada a la *Schola Cordis,* fue recreada en México por Juan de Palafox y Mendoza en la *Peregrinación de Philotea al Santo Templo y monte de la Cruz* (Madrid, Mateo Fernández, 1659), cuyas huellas llegarían a sor Juana Inés de la Cruz. Esta se serviría de la *Agudeza* de Baltasar Gracián en su ingeniosa *Carta atenagórica* (Puebla, 1690) y en otras obras, donde la décima musa demostró su altura conceptual y su arte de ingenio.

El Comulgatorio se ajustó a la retórica concinatoria, practicada por los jesuitas desde Francisco de Borja a Luis de la Puente o Eusebio Nieremberg, pero también a las meditaciones acrisoladas por Tomás de Kempis, incardinándolas en la tradición salmista. Gracián propició además todo un ejercicio de *contrafacta,* volviendo a lo divino, "por semejanza", la filografía heredada del *Ars amandi* ovidiano. Gracias a todo ello, el lector de *El Comulgatorio,* que siguiera fielmente los cuatro pasos marcados por su autor, se convertiría en un artífice de su propia meditación eucarística.

Gracián, deudor del Antiguo Testamento, de los Evangelios, de la tradición eucarística de san Bernardo y de santo Tomás, así como de la hagiografía, vinculó, como decimos, *El Comulgatorio* a la tradición ascética y mística, siguiendo en parte la pauta del *Cántico Espiritual* de san Juan de la Cruz al convertir su obra en un remedo del *Cantar de los Cantares.* Ese epitalamio bíblico gozaba de una rica tradición gracias a fray Luis de León, cuya traducción dejó numerosas huellas en la poesía y en la prosa del Siglo de Oro. Pero, en el "cantar nuevo" que supuso *El Comulgatorio*, su autor se alejó de la desnudez mística y trató de ofrecer una meditación sensitiva e intelectiva, vinculada a las homilías, que el lector debía seguir, según el calendario litúrgico y el santoral, hasta convertirla finalmente en acción de gracias.

Lejos del juicio y de los conceptos filosóficos y morales de sus otras obras, que glosaban las virtudes cardinales, nos encontramos con un libro vinculado a las teologales de fe, esperanza y caridad, plasmadas a través de imágenes, metáforas, símbolos y alegorías ligadas a la inefable exaltación de la gracia divina.

De ese lenguaje sublime había dado ya numerosos ejemplos, procedentes de Lope de Vega, Valdivielso y otros autores en la *Agudeza y arte de ingenio* desde una perspectiva conceptual y elocutiva. *El Comulgatorio* sin embargo sería un himno de salvación, que recreaba los misterios divinos de la Encarnación, la Crucifixión, la Resurrección, la Ascensión y la Parusía. Gracián trasladó todo ello a un cardiomorfismo íntimo y afectivo en el que el hombre tomaba contacto con la divinidad por vía sacramental.

La recepción frecuente del sacramento eucarístico aparece en la obra como antesala de la última comunión por viático, orillas de la muerte, transformada en salvación a las puertas del paraíso. Esa declaración religiosa chocaría sin embargo poco tiempo después, como veremos, con el final abierto al logro individual de la inmortalidad en *El Criticón,* desde una perspectiva convergente pero muy distinta.

La obra, según Alberto del Río, se difundiría ampliamente, tanto en España como en Francia, Italia o México, siguiendo un doble camino, individual y colectivo, al añadirse al resto de las *Obras* de Gracián. En Italia, según Felice Gambin, nos encontramos con las *Meditazioni sopra la SS. Communione* de Francesco de Castro, (Bologna, Barbieri, 1675) y con las *Delizie della Sacra mensa o sia Communioni per tutte le Feste dell´Anno,* 1713. De su proyección religiosa dio cuenta un opúsculo que glosó y amplió el contenido de *El Comulgatorio* bajo el título de *Ibáñez eligiendo lo mejor de diferentes autores célebres Poetas. Las cinquenta meditaciones del Padre Balthasar Gracián de la Compañía de Jesús añadidas con cinquenta décimas, que escrivió don Joseph de Ibáñez y Gassia, Cavallero noble de Aragón* (Madrid, 1757). El éxito de esa obra graciana fue en realidad mayor que el de las demás, si tenemos en cuenta el número de ediciones que tuvo durante el siglo XIX, así como el de los ejemplares conservados en las bibliotecas.

7. *EL CRITICÓN* O EL CURSO DE LA VIDA EN UN DISCURSO

Baltasar Gracián proyectó, inicialmente, dividir *El Criticón* en dos partes, que sin embargo se publicaron en tres, sorprendiendo desde el primer momento a sus lectores con una obra muy distinta al género de las anteriores. La primera salió como escrita por un autor nuevo y desconocido, García de Marlones, que encubría sus apellidos de Gracián y Morales, y se separaba del ya conocido Lorenzo Gracián, que, en ocasiones, se identificaba con Baltasar Gracián. El jesuita decidió alejarse aún más de la Compañía de Jesús publicando nuevamente un libro sin los permisos a los que estaba obligado y con un contenido a leguas de distancia de los que editaban otros miembros de esa orden. Con *El Criticón,* su autor se alejaba también del mecenazgo de Lastanosa y de sus dedicatorias, acogiéndose a la protección editorial y económica de los impresores y libreros aragoneses y madrileños que sacaron a la luz cada una de sus tres partes.

La segunda y la tercera aparecerían sin embargo bajo el nombre ya conocido de Lorenzo Gracián, borrando así el del supuesto García de Marlones, que figuró, como decimos, en la portada de la primera. Esas salidas de *El Criticón* supondrían un calvario para su autor, toda vez que sus superiores fueron conscientes de que se trataba de una obra poco grave y que además salía sin los obligados permisos. Las reprimendas y castigos que todo ello le supusieron no frenaron la continuidad de las partes ni el empeño de su autor a la hora de publicarlas. Gracián llevó a cabo una estrategia de ocultación vital y libresca, que alcanzó también a los falsos pies de imprenta de Huesca y Madrid o a otros engaños para zafarse de la vigilancia jesuítica y de sus amonestaciones y censuras. Tales subterfugios no escaparon sin embargo a sus superiores, que lo conminaron al silencio o le privaron de toda confianza rebajando su autoridad como jesuita. La amistad con Lastanosa siguió sin embargo adelante, como muestra la confianza que ofrece la correspondencia cruzada entre ambos durante la gestación de la obra.

Los problemas con sus superiores debieron pesar a la hora de publicar la tercera parte en Madrid, pese a que la dedicatoria se vinculase, como veremos, a la figura de los mencionados hermanos Francés de Urritigoiti, tan reconocidos en Zaragoza. Poco le valió, sin embargo, acogerse a la figura de quien era deán de la catedral de Sigüenza, don Lorenzo Francés de Urritigoiti, pues Gracián fue condenado de inmediato a pan y agua por sus superiores, que le privaron de sus enseñanzas en la cátedra de Escritura del colegio zaragozano y lo desterraron posteriormente al colegio de Graus. Así culminaron, en 1658, las reprobaciones que ya había sufrido al publicar la segunda parte, añadiéndose, a todo ello, la orden del general Goswin Nickel desde Roma para que se le vigilara estrechamente.

Según la documentación conservada por la Compañía de Jesús, los castigos recibidos hicieron que Baltasar Gracián pensase en abandonarla y pasar a una religión monacal o mendicante, aunque ello no llegara a sustanciarse. El traslado posterior desde Graus a Tarazona supondría ya cierta rehabilitación al encomendársele el cargo de prefecto de espíritu y el de encargado de asignar puntos de oración a los hermanos del colegio. La ciudad turiasonense, donde pudo contemplar la fachada renacentista en la que estaban esculpidos los trabajos de Hércules, fue testigo de su muerte y depositaria de sus restos en la mencionada fosa común de la iglesia de la Compañía.

El Criticón, Primera parte en la Primavera de la niñez y en el estío de la juventud (Zaragoza, Juan Nogués, 1651), que salió, según dijimos, a nombre del ficticio licenciado García de Marlones, iba dedicada a don Pablo de Parada, general de artillería y gobernador de Tortosa. La obra se configuró a través de la metáfora continuada de las edades del hombre y las estaciones del año, ejemplificadas en el decurso tragicómico de las vidas de Andrenio y Critilo.

Orlaba los preliminares de esa parte la censura del clérigo y teólogo Antonio Liperi por comisión del conde de Lemos, virrey del reino de Aragón. En ella, se destacaba el ingenio y la sutileza moral de un libro tan dulce como agradable, que se atenía a la reforma de costumbres a través de una ingeniosa fábula. Liperi mostraba una precisa y preciosa síntesis del argumento de *El Criticón*, señalando que trataba de la "historia de un padre que enseña a hablar a un niño sin saber que era su hijo, adiestrándole en el estudio de las artes liberales y en la admiración de las maravillas del mundo, sin olvidar la potencia y providencia de su Hacedor".

La censura elogiaba a su vez las sales y gracia del autor, así como la mordacidad de un libro que enseñaba el camino para llegar a ser persona en la primavera de la vida y en los incendios estivales de la juventud. El hecho de que el censor relacionara al autor del libro con el de la *Agudeza* ofrecía sin duda la clave que se escondía bajo el García de Marlones de la portada. A ello añadía además el catálogo de fuentes que inspiraban la obra, desde Homero y Esopo a Heliodoro, pasando por Luciano, Apuleyo y Séneca, mostrando así las fuentes de un libro variado en géneros y temas, que además se adornaba con las suspensiones de Ariosto y las crisis de Traiano Boccalini.

La dedicatoria a don Pablo de Parada, firmada por García de Marlones, destacaba la figura de un militar lisboeta nacido en Brasil y que salió triunfante en la Guerra de Cataluña, en cuyo Sitio de Lérida había participado, como ya vimos, el propio autor de la obra. Seguidamente el prólogo al lector juicioso mostraba la voluntad de Gracián al ofrecerle una obra presentada como "el curso de tu vida en un discurso", juntando horacianamente lo seco de la filosofía cortesana y lo entretenido de su invención con las mordacidades satíricas de John Barclay. El autor prometía además publicar una segunda parte aún más crítica, que finalmente se alargaría en una tercera.

La portada de *El Criticón. Segunda parte. Juiciosa cortesana filosofía, en el otoño de la varonil edad,* apareció sin embargo a nombre de Lorenzo Gracián e iba dedicada a don Juan de Austria. El pie de imprenta figuraba como impresa en Huesca, por Juan Nogués, en 1653, aunque lo fuera realmente en Zaragoza. La figura del destinatario se vinculaba a sus gestas en la

Guerra de Cataluña y a la figura de su padre Felipe IV, con la que se marcaría, al igual que en la primera parte, el *tempus historicus* de la obra y el patrocinio de la monarquía católica. En esta y en *El Criticón,* se unían las hojas de la espada y las del libro formando una feliz coyunda de armas y letras que la obra formulaba de principio a fin.

El cronista, poeta y presidente de la zaragozana Academia de los Anhelantes, el doctor Juan Francisco Andrés de Uztarroz, que controló en su tiempo numerosas publicaciones históricas y literarias, algunas relativas a justas poéticas, elogiaba en la censura de esta parte la obra de quien se había bautizado en la anterior como García de Marlones y que aparecía ahora como Lorenzo Gracián. Centrándose en la fructífera y deleitosa peregrinación de los protagonistas, anunciaba una tercera parte en la que el autor cerraría con llave de oro los avatares de la vejez. La mordiente satírica asomaba, sin embargo, al cuestionar Uztarroz el estilo lacónico de la obra, frente al asiático que, en realidad, él mismo cultivaba y que el jesuita italiano Antonio Possevino había criticado al referirse al cronista aragonés Jerónimo Zurita. Lo cierto es que la censura del académico anhelante daba una de cal y otra de arena al libro de Gracián, a través del elogio de los contenidos y la crítica de su estilo.

Con mayor generosidad, Josef Longo firmaba una "Censura crítica" en la que relacionaba la obra con otras que circulaban con éxito a nombre de Gracián y que, en el caso de *El Héroe,* había llegado a los anaqueles de la casa real. La vinculación de esta segunda parte a la filosofía tragicómica de Heráclito y Demócrito se unía a los simbólicos ascensos y descensos del águila. Longo trataba de asegurar, sin embargo, que el libro se atenía en todo a la fe católica, y aprovechaba también para poner en las nubes a Juan Francisco Andrés de Uztarroz, considerándolo el Tito Livio aragonés.

El Criticón era, para Longo, muestra de la variedad genérica y de su deuda con Homero, Virgilio, Tácito, Persio, Juvenal o Claudiano, así como con el moderno *Satiricón* de Barclay. Su censura destacaba sobre todo el carácter de un libro que bautizaba de "cartilla de la moral y estoica filosofía, teniendo por guía en la épica a Platón y Aristóteles, y por doctrina, la del mayor maestro de los estoicos", remitiendo también a Séneca, Focílides y Epicteto. Su paso elíptico por las crisis desvelaba el contenido profundo de una obra calificada de Kempis cortesano y llena de apotegmas, proverbios y agudezas, que remitían alusivamente a otras obras de "Lorenzo Gracián". Este era un anagrama o enigma de su verdadero autor, que escondía tanto ingenio como gracia.

Cuatro años después, *El Criticón. Tercera parte en el invierno de la vejez* (Madrid, Pablo de Val, 1657) se asignaba nuevamente en la portada a Lorenzo Gracián e iba dedicado al doctor don Lorenzo Francés de Urritigoiti, deán de la santa iglesia de Sigüenza, como dijimos. Las censuras y aprobaciones de los preliminares del libro iban firmadas, en este caso, por autores vinculados a Madrid y alejadas de los aragoneses que habían suscrito las dos partes anteriores.

En consonancia con la vejez sin decrepitud de Critilo y el contenido de la obra, la dedicatoria se acomodaba también a la edad provecta del dignísimo deán seguntino. Gracián lo dibujó desde una perspectiva, basada en los *Diálogos de la pintura* (1634) de Vincencio Carducho, proyectando una figura cuádruple, reflejada de frente, en el agua, en un espejo y en una coraza brillante. Además de elogiar las virtudes de don Lorenzo Francés, Gracián encareció, con ese subterfugio, la imagen del padre y de la madre del deán, multiplicando así uno de los espejos mencionados por Carducho, para reflejar con ellos a sus cuatro hermanos; todos ellos eclesiásticos y que ocupaban puestos señalados. Por último, el coselete o coraza reflejaba la imagen de los otros tres hermanos seglares de don Lorenzo, incluyendo, a menor escala, a los sobrinos canónigos y a los caballeros de la familia, considerando a todos "plausibles héroes de su patria y de su siglo".

A continuación, la censura de fray Esteban Sánchez vinculaba de nuevo a Lorenzo Gracián con las obras anteriores publicadas bajo ese nombre, a la par que reprehendía los vicios y encarecía las virtudes de esta, dejando a salvo su ortodoxia. En cuanto a la aprobación del padre Alonso Muñoz de Otálora, calificador de la Suprema Inquisición, además de alabar las tres partes de *El Criticón,* añadía una cita sacada del *De oficiis* de Séneca sobre el continuo morir y renacer del mundo y de la vida del hombre a tenor de las vueltas de la rueda de la Fortuna, llena de ascensos y descensos. Muñoz de Otálora añadió además otras consideraciones sobre el ingenio de las metáforas gracianas, encaminadas a la consecución de la inmortalidad en el gozo de la bienaventuranza.

Respecto al prólogo de esta tercera parte, el jesuita aragonés se dirigió particularmente al lector benigno y gustoso, sintiéndose arrepentido de haber escrito la obra, pero a la vez gozoso de haberla acabado. En esa página liminar, aludía además a la novedad de haber suprimido las llamadas y citas que aparecían en los márgenes de las dos partes anteriores como índice o comento de la lectura. Se trataba de un vacío que cada uno debía llenar a su manera, según su propio criterio y hasta corrigiendo el texto. A ello se sumaba la voluntad de seguir a Horacio al ofrecer un libro de forma unitaria y variada como "un todo perfecto". Sus últimas palabras apuntaban a su intento de que esta última parte superara a las anteriores. Por otro lado, el lector podía comprobar que las trece crisis con las que había dividido la primera y la segunda parte se reducían, en esta, a doce, dejando la última en blanco, lo que suponía, sorpresivamente, que el final de *El Criticón* lo escribiera cada uno de sus lectores.

Los avatares editoriales de las tres partes de *El Criticón* han sido magistralmente descritos y analizados en la magna edición crítica de Luis Sánchez Laílla, José Enrique Laplana y María del Pilar Cuartero (Zaragoza, IFC, 2016 y 2023). Sin entrar en la publicación de ediciones contrahechas ni en las partes reeditadas en Lisboa (Henrique Valente de Oliveira, 1656, 1657 y 1661) o en las ediciones conjuntas de las tres partes (Barcelona, Antonio Lacavallería, 1664) como muestra de su éxito, cabe recordar que *El Criticón* se integró en las *Obras completas* de Lorenzo Gracián (Madrid, Imprenta Real, 1663) y en otras posteriores. Entre las ediciones del siglo XX, destaca la realizada por Miguel Romera-Navarro (Philadelphia, 1938-40), quien, basándose en las primeras ediciones, abrió un fructífero camino a los editores de *El Criticón*, desde el punto de vista ecdótico y hermenéutico.

LA FÁBRICA DE LA AGUDEZA COMPUESTA FINGIDA

A ningún lector de Gracián se le escapa que *El Criticón* supuso la práctica de las teorías que había expresado anteriormente en la *Agudeza*; sobre todo en relación con la agudeza compuesta fingida, llevada a cabo en el plano de la acción, en el conceptual y en el estilístico. Para ello, partió de la alegoría, que, como dijimos, gozaba de una larga tradición desde la Edad Media y que Calderón acrisoló y popularizó en sus autos sacramentales. Pero el jesuita se sirvió también de otros géneros a los que nos referiremos, como el de la novela bizantina e incluso de la caballeresca, aunque se distanciara de ellos para correr por cuenta propia y discurrir a lo libre.

La idea actual de que la invención de la novela moderna comenzó con el *Quijote* estuvo muy lejos de la intención del jesuita aragonés, que leyó esa obra en clave de burlas y cuyo heroísmo estaba en las antípodas del expuesto en sus tratados. Sin embargo, Gracián se dejó llevar por el diálogo antitético de esa y otras obras cervantinas, como el establecido entre Cipión y Berganza en su novela ejemplar *El coloquio de los perros*. Tampoco se olvidó del mundo de los bajos fondos de la novela picaresca, que el jesuita adaptó a su manera desde la perspectiva satírica. Así ocurrió con el *Guzmán de Alfarache* de Mateo Alemán, que le sedujo como atalaya de la vida humana desde la que se podía contemplar el mundo y atacar los vicios, o del barco simbólico que lucía en la portada de *La Lozana andaluza* de Francisco Delicado.

La narración de la vida de Andrenio y Critilo, frente a la del peregrino errante de las *Soledades* de Góngora, tendría una meta y una intencionalidad conceptual y moral muy distinta. Su existencia se insertó a lo largo de una metáfora continuada de principio a fin en la que todo lo narrado se supeditaba a un significado moral y simbólico que iba más allá de su literalidad. Enfrentado, en la *Agudeza,* a la supuesta monotonía de los *Ragguagli di Parnaso* de Boccalini, Gracián pretendió en *El Criticón* dinamizar la alegoría y nutrirla con otros géneros y estilos a través de un ambicioso programa, que además conllevaba en sí mismo un tratado de filosofía moral neoestoica en acción. Este transformaría la imitación compuesta de tradición senequista en un proceso de emulación tanto elocutivo como conceptual.

A través de todo ello, Gracián consiguió el ejercicio constante de la agudeza verbal en una obra que ya no solo tenía un significado a dos luces, como las anteriores, sino que los multiplicaba ingeniosamente, siguiendo la imagen de la *hidra bocal* y sus numerosos tentáculos que formulara en la *Agudeza.* Ello conllevaba a su vez un esfuerzo ingenioso por parte del lector que, como el del *Polifemo* y el de las *Soledades* de Góngora, debía someterse a un ejercicio constante de desvelamiento, para buscar el sentido profundo de las páginas de *El Criticón.* En ese aspecto, la presencia del lector estaba en todas ellas y se plasmaba además en los mencionados márgenes en blanco de la tercera parte, así como en el desenlace abierto de la obra.

A la zaga del *Satiricon,* atribuido a Petronio, y del más moderno de John Barclay, *Euphormionis Lusini Satyricon*, ya mencionado Gracián agrandó las crisis de cada uno de los capítulos con el aumentativo titular de *El Criticón,* donde siguió la singularidad y sencillez que habían mostrado los títulos de sus primeros tratados. En ese aspecto, el sentido etimológico de *crino* o juicio de cada crisi se extendió también al nombre de Critilo, padre y maestro, que llevaría a cabo la postura juiciosa y crítica frente a su discípulo e hijo Andrenio, ligado a lo más elemental y esencial del hombre en su estado natural. Todo ello se relacionaba además con lo que había expuesto en *El Discreto* y, en particular, con la repartición de la vida en edades homologadas a las estaciones del año.

A este respecto, vemos que Gracián llevó a sus últimos extremos la correlación que Góngora y otros escritores del Barroco habían expresado en sus obras, particularmente en poesía, pues recogió, de cada crisi o parte de *El Criticón,* los elementos diseminados con anterioridad para unirlos y sintetizarlos de forma mnemotécnica al final de la obra. La *Agudeza* ya había propuesto además la "correlación ingeniosa" para tratar un estilo que requería la ayuda del ingenio y que practicaba la síntesis conceptual y mnemotécnica al término de cada obra.

El juego de las simetrías se unía al de las oposiciones, antítesis y paradojas, que se obtenían gracias a la susodicha libertad de ingenio. Y como este no se contentaba solo con la verdad y aspiraba a la hermosura, comprobamos que, tanto la *Agudeza* como *El Criticón* y el resto de las obras de Gracián consagraban la unión de lo bueno con lo bello, haciendo así un solo compuesto de la oposición horaciana entre lo útil y lo deleitable. No en vano, como él mismo dijo, la unión del concepto y del ornamento producía una obra perfecta. A su vez, los tropos y las figuras se debían poner al servicio de la agudeza compuesta fingida, que, en este caso, exprimía los conceptos que emanaban de una larga peregrinación, entendida como escuela de vida.

En España, la trabazón alegórica había tenido uno de sus mayores puntales en el *Laberinto de Fortuna* (Sevilla, 1496) de Juan de Mena, que comentó Francisco Sánchez de las Brozas en 1582, considerando que se trataba de una obra heroica, oscura y elevada. El Brocense leyó el poema de Mena como un tratado de filosofía moral que discurría sobre temas relacionados con la memoria, el olvido, la prudencia y el vituperio de los vicios, de tan rica tradición, por otra parte, en la poesía cancioneril española.

El *Laberinto* era además una alegoría centrada en el género de las visiones o sueños, vinculados al *Somnium Scipionis* de Cicerón comentado por Macrobio. Gracián contaba con ese precedente y con otros muchos, como la *Amorosa visione* de Bocaccio, el *Somnium de Fortuna* de Enea Silvio Piccolomini y la *Divina Comedia* de Dante. *El Criticón* retomó además el tema de la fortuna y el del laberinto, tantas veces usados en la *Ratio Studiorum* de la Compañía de Jesús, al igual que en los jeroglíficos de la época a la zaga de los de Pierio Valeriano.

Gracián se sumaba así a esa corriente enigmática y hermética, que invitaba a ser descifrada conceptual y estilísticamente, a la que pertenecieron numerosas obras como *L´Arianne* (1608) de Monteverdi y los laberintos poéticos, políticos y amorosos recreados por Cervantes, Calderón y otros dramaturgos. El laberinto narrativo fue también cultivado por la novela bizantina, cuyas acciones estaban llenas de vicisitudes, rodeos, naufragios y caminos intrincados desde Heliodoro. La moda de ese género se prodigó en España a través de la publicación de su obra *Historia etiópica de Teágenes y Cariclea* en 1554 y de *Leucipa y Clitofonte* de Aquiles Tacio, recreadas por otros autores del Siglo de Oro a lo divino y a lo humano, como fue la *Historia de los amores de Clareo y Florisea* (Venecia, 1552) de Alonso Núñez de Reinoso. En ellas, la historia amorosa se desarrollaba a través de viajes llenos de avatares, peligros y naufragios, cuya complicada estructura terminaba, sin embargo, en un final feliz, que conllevaba la unión de los amantes, tras sufrir continuos trabajos o vivir en una *Selva de aventuras*, por decirlo con el título de la novela de Núñez de Reinoso.

Unida a la trama amorosa, esa corriente de la novela bizantina se recogió en *El peregrino en su patria* (1604) de Lope de Vega y en *Los trabajos de Persiles y Sigismunda. Historia septentrional* (1615) de Miguel de Cervantes. Sin embargo, Gracián utilizó el hilo de Ariadna para salir del laberinto de la vida y alcanzar la inmortalidad a través de tortuosos caminos que había que sortear gracias al valor y a la virtud, prescindiendo totalmente del feliz desenlace amoroso con el que finalizaba ese género tras la anagnórisis. En ese sentido, no deja de ser curioso que las mencionadas obras de Lope y de Cervantes tuvieran un contenido religioso mucho más potente que *El Criticón*, sin tantas visitas a monasterios e iglesias como las que aparecen en *El Persiles* y sin la inserción de autos sacramentales íntegros como los de *El Peregrino*. A nuestro juicio, la obra de Gracián contrahizo la de Cervantes, al igual que este había hecho anteriormente con la de Lope.

En ese sentido, el jesuita hizo también con *El Criticón,* respecto a las novelas bizantinas, lo que Cervantes había llevado a cabo anteriormente en el *Quijote* con las novelas de caballerías, pues ambos se sirvieron de un género preestablecido para discurrir libremente. El tema clásico de la peregrinación había nutrido todo género de novelas, desde la sentimental y la pastoril a la cortesana o la morisca, pasando por la novela griega. Se trataba de una *peregrinatio amoris* con un final feliz o desgraciado, que también nutrió el teatro, la poesía y hasta la literatura ascética y mística. La idea bíblica del hombre peregrino en la tierra buscando el paraíso celeste, que recreó san Agustín, fue ampliamente glosada durante la Edad Media y el Siglo de Oro. Su presencia en Dante, Camoens, Tasso, Lope de Vega, Quevedo, Góngora y tantos otros se extendió también a la alegoría de los mencionados autos sacramentales. Estos volvieron a lo divino la tradicional *peregrinatio vitae,* así como la batalla entre vicios y virtudes, que Calderón ejemplificó en el viaje de la cuna a la sepultura en *El gran teatro del mundo* y en otras obras.

También habría que tener en cuenta el amplísimo arco formado por los tres destinos: Jerusalén, Santiago y Roma, que nutrieron la literatura europea, afín a las peregrinaciones durante siglos. La crítica de estas ya había estado presente en la Edad Media y sería sustancial en el Renacimiento, como mostraron Rabelais, Erasmo y las novelas picarescas, que ofrecieron una *peregrinatio famis* sin meta y sin rumbo, llena de miserias. Respecto a *El Criticón,* fue fundamental, como señaló Michel Cavillac, el *Guzmán de Alfarache,* cuya atalaya desde la que contemplar el mundo alabó Gracián en la *Agudeza.* En ese sentido, la novela picaresca, con su carga satírica, sirvió de correctivo a la novela bizantina, al igual que la literatura sapiencial, tan presente en la obra del jesuita.

El hecho de que la épica clásica se hubiera interpretado alegóricamente influyó sin duda en *El Criticón*; una obra en la que todo remite a un significado simbólico distinto al literal y que además está cargada de moralidad. Sus deudas con la *Eneida* y sobre todo con la *Odisea,* que Gracián había considerado en la *Agudeza* modelos de "agudeza compuesta fingida", son desde luego evidentes. La crítica, desde Menéndez Pelayo, ha considerado también las huellas de las novelas de caballerías a lo divino, como *El caballero del sol o sea la peregrinación de la vida del hombre* (1552) de Pedro Hernández de Villaumbrales, entre otras que cristianizaron el género caballeresco. Esa obra fue traducida al italiano por Pietro Lauro y publicada con el elocuente título de *Il cavallier del sole che con l´arte militar dipinge la peregrinatione della vita humana et la proprietà delle virtu et vitii e come s´ha de vivere per ben morire* (Venecia, 1607). *El Criticón* se mantuvo sin embargo en un plano alegórico que huyó de lo anagógico, aunque fuera siempre fiel a la ortodoxia y a un sentido moral constante.

EL LARGO VIAJE EDUCATIVO ENTRE ORIENTE Y OCCIDENTE DE *EL CRITICÓN*

La obra de Gracián transformó totalmente el viaje cervantino de Persiles y Sigismunda por mar y tierra, desde el septentrión a Roma, ampliando ese mapa geográfico de Asia a Europa, para terminar finalmente en la ciudad papal, donde se daría paso a un más allá trascendido. Por otro lado, la peregrinación amorosa se cambió por la de un camino de sabiduría recorrido por un maestro y un discípulo, que además eran padre e hijo, en el que la inútil búsqueda de la esposa y madre Felisinda, símbolo de la felicidad, se transformaría en la de la inmortalidad.

Respecto a la *civitas Dei*, las obras de Cervantes y Gracián mostraron curiosamente las dos caras que Roma había presentado tradicionalmente como *caput mundi*, lugar de maravillas y microcosmos de todas las ciudades, pero también como lugar de vicios. Ya Torres Naharro había considerado en su *Propalladia* (1517) que la ciudad de Dios era cueva de pecadores y paraíso de lujuria. También la sometió a crítica el erasmista Alfonso de Valdés en su *Diálogo de las cosas ocurridas en Roma*, a raíz del saco de la ciudad en 1527. A su vez, Francisco Delicado había hablado, en el *Retrato de la Lozana Andaluza* (Venecia, 1528), de la Roma "putana", al dibujar el mundo de bajos fondos donde vivían Lozana y su amigo Rampín. Andrenio y Critilo descubrirían además, en esa Roma ambivalente, que Felisinda había muerto, así que, en lugar de encontrar en ella la felicidad como los protagonistas cervantinos del *Persiles*, encontrarían en ella su desgracia. Pero esa pérdida les servirá, sin embargo, para pasar posteriormente de la casa de la muerte al palacio de la vida perpetua, que los haría inmortales.

Por lo que se refiere a los precedentes de *El Criticón*, también habría que considerar una obra que fue prohibida por la inquisición en 1551 y que fue publicada en 2008 por Enrique Galé en la Institución Fernando el Católico. Me refiero a la *Peregrinación de las tres casas sanctas de Jherusalem, Roma y Santiago* (Burgos, Alfonso de Melgar, 1523), de Pedro Manuel de Urrea, basada en el viaje por tierra y mar que él mismo había hecho en 1517, desde lugares bien conocidos por Gracián como Trasmoz, Épila y Zaragoza, retratando la ciudad papal como una mezcla de ludismo y religiosidad. Para ese olvidado escritor, Roma era España, era Francia, era Alemania, era Italia y, en realidad, era la suma de todo el mundo, como lo serían para Miguel de Cervantes y Baltasar Gracián.

El laberinto amoroso de las novelas bizantinas se transformó alegóricamente en *El Criticón* de formas diversas, pero su autor conocía también los laberintos creados por el *ars topiaria* que se edificaron en palacios y casas de placer, incluida la de Lastanosa en Huesca o en los jardines de Aranjuez. Muchos de esos jardines se inspiraron en modelos italianos y en las imágenes de la mencionada *Hypnerotomachia Poliphili* de Francesco Colonna, que se imitaron posteriormente en los construidos por toda Europa. *El Criticón* reflejó esos intrincados caminos en el decurso de la acción y en el de un lenguaje que invitaba a ser descubierto a través de rodeos sintácticos y morfológicos. Símbolo negativo y proteico, los laberintos se extendieron no solo al nivel estilístico, sino al ético, al social y hasta al político de la obra. De ahí que Gracián ofreciera todos esos planos, al igual que hicieron Cervantes, Quevedo y otros escritores de su tiempo, utilizando el laberinto como símbolo del engaño, del caos y de la duda ante las encrucijadas de la vida, que multiplicaban, a su vez, la dualidad del bivio heraclida.

Ya no se trataba de la elección entre un camino recto y otro estrecho a seguir, evitando el más ancho y vicioso, sino de varios senderos que se cruzaban y entrecruzaban como símbolo de la condición humana, sujeta a la complejidad de un mundo que distaba de ser armónico. Frente al equilibrio de los jardines renacentistas de Leonardo Bruni y Alberti o de los recreados por las églogas y las novelas pastoriles, Gracián, adelantándose a los laberintos de Piranesi, ofreció caminos llenos de recovecos, cuestas, escaleras y espirales, además de la tortuosidad y los peligros del viaje inicial por un mar tempestuoso. Pero, entre ascensos y descensos, vueltas y revueltas, *El Criticón* abrió también los alegóricos espacios del Valor y de la Sabiduría, que darían sentido al término feliz del peregrinaje llevado a cabo por sus protagonistas.

Los susodichos valores educativos de esa obra se encarnaron en la figura de Critilo, padre y maestro, y de su discípulo e hijo Andrenio. El aprendizaje transcurre desde el encuentro de ambos en la isla de Santa Elena, donde vivía ese niño salvaje, hasta su llegada a la sacra ciudad de Roma. En ese camino, se avanza de un modo progresivo, pero lleno también de retrocesos, como la historia misma de la humanidad, desde el estado de salvaje al de la cultura. Ese proceso evolutivo tenía además referentes cercanos en la historia y fue sin duda motivo de amplios debates en relación con los viajes y los descubrimientos que tuvieron lugar desde el descubrimiento de América. La consideración del salvaje por parte de la Compañía de Jesús, al que sus miembros, al igual que los de otras órdenes religiosas, trataron de adoctrinar y educar, alcanzó sin embargo en Gracián un tono menos trascendente, que se mantuvo sobre todo en el terreno de lo humano.

El modelo de san Francisco Javier y otros jesuitas, que viajaron a tierras lejanas con el fin de llevar la fe de Cristo por el ancho mundo, está sin duda presente en *El Criticón*; una obra que ahondó en otros planos más complejos, relacionados con la condición humana, la sociabilidad, la cultura y la ética. El jesuita aragonés volvió, sin embargo, del revés el viaje a Oriente que llevaron a cabo san Francisco Javier y sus compañeros de orden desde Europa a Asia para educar y adoctrinar a los habitantes de aquellos lugares, invirtiendo ese trayecto con el llevado a cabo por Critilo y Andrenio desde Asia y la isla de Santa Elena en el Atlántico a la ciudad de Roma.

En ese sentido, el viaje de Francisco de Jasso y Azpilicueta (Javier, en el reino de Navarra,1596-isla de Sancián o Shangchuan, en China, 1552), que sería enterrado en Goa, la Roma del este, ofrece sin duda numerosas concomitancias con el de los protagonistas de *El Criticón*. Recordemos que la vida de quien sería considerado "apóstol de las Indias", se convirtió en un modelo recreado en el teatro, los jeroglíficos, los emblemas y otras manifestaciones artísticas y literarias, como las justas poéticas, tanto dentro como fuera de la Compañía de Jesús.

Hijo de Francisco de Jasso y Alondo, un noble que se había doctorado en la Universidad de Bolonia, el que sería conocido tras su canonización como san Francisco Javier estudió en Navarra y en la Sorbona, donde conoció a Ignacio de Loyola, con quien fundó la Compañía de Jesús. Sus estancias en Roma, Venecia y otros lugares de Italia muestran su ligazón con esas tierras, así como con el papa Paulo III, que, en 1540, le encomendó viajar desde Lisboa a las Indias Orientales, recalando dos años más tarde en Goa, capital de la India portuguesa, como misionero. De su amplia trayectoria vital por esas tierras, cabe recordar su aprendizaje del tamil y del japonés, junto a su extensa labor como traductor y evangelizador, plasmada a través de numerosas cartas enviadas a Europa, incluida la que mostraba su deseo de ir a la Sorbona para hablar de la multitud de orientales que se convertían a la fe de Cristo. El decurso de los numerosos viajes a Oriente, incluido el efectuado a las Molucas, a las islas del Moro, a China, a Japón y a otros lugares, ofrecía la doble condición de maestro y misionero que pudo interesar particularmente a Baltasar Gracián.

Este tuvo sin duda un amplio conocimiento de la vida y milagros de quien fuera canonizado en 1622 junto a san Ignacio, santa Teresa, san Isidro y san Felipe Neri. El hecho de que creara su primer seminario en Goa y que escribiera catecismos y obras catequéticas ofrecía el trazado de una hagiografía que, sin embargo, Gracián planteó a lo humano en la figura de Critilo. Pero la vida de este mostraría un perfil muy distinto a la del santo jesuita a través de una trayectoria inversa no solo en lo geográfico, sino en lo personal. Pues, en lugar de transcurrir desde Roma a Goa, donde Francisco Javier fue enterrado tras su muerte en la isla china de Shangchuan, el viaje de Critilo se proyectó, como decimos, desde Goa a la isla de Santa Elena en medio del Atlántico, donde lo rescataría de un naufragio el salvaje Andrenio. Ambos se embarcarían más tarde hacia Europa para llegar finalmente a Roma después de una larga peregrinación por tierra.

Francisco, que falleció junto a un chino bautizado como Antonio de Santa Fe, deseó ser enterrado en Goa, y allí descansan sus restos en la basílica del Buen Jesús, lugar de peregrinaje, ideal y real, bien conocido ya por Baltasar Gracián y los jesuitas de su tiempo, y que era entonces símbolo de una nueva Roma asiática. Ello haría plausible, a nuestro juicio, el singular *ouroboros* marcado por el itinerario de *El Criticón,* que va de la nueva Roma oriental a la antigua, para acabar finalmente en la Isla de la Inmortalidad. La figura de san Francisco Javier atrajo sin duda a un Gracián escasamente viajero, pero que fue capaz de cruzar literariamente el camino de Oriente a Occidente a través del largo itinerario recorrido por los protagonistas de su obra.

Con *El Criticón,* el jesuita aragonés trató de recrear a su manera el *libro vivo* de Francisco de Asso y el de san Ignacio de Loyola, cuya biografía se había acogido precisamente al título de *El relato del peregrino* (1553-5), publicado en castellano y en latín y escrito por Luis Gonçalves de Cámara. Pero su vida triunfó sobre todo con *La biografía de Ignacio de Loyola,* escrita por el padre Rivadeneira. Ambas obras ofrecían la relación de los numerosos viajes del fundador de la Compañía de Jesús por España, Italia y Tierra Santa. Pero la vida de san Francisco Javier fue la que debió atraer más a Gracián, aunque tomara sin duda de la de san Ignacio no solo su perfil militar y religioso, sino el modelo de los *Ejercicios Espirituales,* cuya técnica imitó en *El Comulgatorio* y en el arte memorativa del resto de sus obras. Ignacio había tenido además un pasado relativo a las vanidades del mundo, que coincidiría, en parte, con el de Critilo, aunque este, casado con Felisinda y padre de Andrenio, pudo tener otros modelos posibles, como veremos.

La vida académica de Ignacio de Loyola, lector de libros de caballerías, de vidas de santos y de la *Vita Christi* de Ludolfo de Sajonia, al igual que santa Teresa, y que estudió en Alcalá, Salamanca y París, donde se graduó en artes, muriendo finalmente en Roma, ofrecía a Gracián un perfil digno de ser emulado literaria y heroicamente, aunque no se refiriera a él en *El Criticón*. Recordemos que Ignacio participó también como soldado, al igual que Francisco, antes de hacer sus votos de pobreza con los demás compañeros en la Cueva de Montmartre, lo que marcaría la pauta del belicismo religioso de los jesuitas. Ambos aportaron a la Compañía de Jesús un doble esquema militar y pedagógico que, en buena parte, dirigiría los pasos del saber y del valor que Gracián marcaría en el itinerario de Andrenio y Critilo. Estos supondrían un modelo moral y vital, que *El Criticón* encauzaría a su modo, al insertarlos en un esquema literario que se oponía al de las nuevas novelas bizantinas al uso, incluidas las escritas a lo divino.

La beatificación de san Ignacio en 1610 y sobre todo su canonización junto a san Francisco Javier en 1622 desató numerosas justas poéticas en los colegios de la Compañía de Jesús en toda España. En ese amplio arco celebrativo, un cartel del colegio de Tarazona, donde años más tarde moriría Baltasar Gracián, ofrece a dos columnas la doble faz de los dos fundadores unida al concepto de peregrinación y de milicia cristiana que caracterizó sus vidas. Publicado en 1622 en Zaragoza por Juan de Lanaja, el cartel (ms. 9572, fol. IV, de la BNE), proponía la presentación en diferentes metros de poemas relacionados con los milagros y acciones de san Ignacio y de san Francisco, el apóstol del Oriente, que había peregrinado por toda la redondez de la tierra.

Gracián, con esos y otros mimbres, reflejó en *El Criticón* el esquema didáctico utilizado por los misioneros en Asia y América, forjados en aprender sus lenguas nativas y en traducirlas para así facilitar su conversión y el acceso a las Humanidades. En ese terreno didáctico, creemos que un libro ya mencionado

y difundidísimo en su tiempo como fue el de Bartolomé Leonardo de Argensola, *Conquista de las islas Malucas*, publicado
en 1609, pudo inspirar no solo a Cervantes a la hora de escribir
El Persiles, sino a Gracián. Pues esa obra cervantina y la del
académico de los *Oziosi* napolitanos plantearon a nueva luz el
mito del buen salvaje. Este había sido recreado anteriormente
por fray Antonio de Guevara en "El villano del Danubio", dentro del *Libro áureo del gran Emperador Marco Aurelio con el
Relox de príncipes* (1529), donde mostró la estrecha frontera
entre civilización y barbarie, así como la inversión de ambos
términos en la realidad vital e histórica. Todo ello iba ligado
además al tema de la dignidad del hombre, que, gracias a la
lengua y al estudio de las Humanidades, podía remontar su
condición de ser miserable.

Respecto a Goa, conviene tener en cuenta algunos trabajos
de investigación recientes como el de Dejanirah Couto, al que
nos referiremos, pues la historia del conocido cartógrafo Manuel
Gotinho de Erédia (Malaca, 1566-1623) en la época de Gracián
ofrece algunos datos curiosos que merecerían analizarse detenidamente, por lo que atañe a esa ciudad india y a los protagonistas de *El Criticón*. Erédia pertenecía a las dos Romas, la
antigua y la portuguesa de Goa, pues, por su obra *Sumario de
vida*, escrita en 1613 y llena de fabulaciones, sabemos que
nació en Malaca, de la que era oriunda su madre doña Helena
Vassiva, una mujer *bugis,* hija de don Joao, rey de Suppag en
la isla de Sulawesi. Su padre, don Juan de Erédia Aquaviva, conde de Fuentes, fue un soldado aragonés, de familia noble asentada en el reino de Nápoles.

Manuel Gotinho de Erédia vivió en Goa, donde se educó,
entre 1575 y 1579, en el Colegio de la Compañía de Jesús, a la
que debía su poliglotismo y sus amplios conocimientos en
ciencias y humanidades. Al abrigo de los jesuitas, inició su
carrera eclesiástica, que abandonó en 1579, aunque no dejara
de relacionarse con ellos, pasando a trabajar como pintor y cartógrafo en su ciudad natal. En esta, vivió también Fernando
Vaz Dourado, otro ilustre cartógrafo como Erédia y que también era "reinol", pues era hijo de una madre hindú convertida

al cristianismo. Los dos casos, al igual que otros muchos de los que trató el holandés Jan Huyghen en *Navigatio ac Itinerarium Iohannis Hugonis Linscotani in Orientalem Sive Lusitanorum Indiam* (1595), configuraron un imaginario colectivo que asentó, frente a la Roma occidental y *caput mundi*, la existencia de una nueva Roma de Oriente en Goa. Erédia fue autor de una *Carta da Ilha de Goa* (1529) y del *Lybrio de Plataforma das Fortalezas da India* (*circa* 1620), que tal vez pudieron llegar, directa o indirectamente al conocimiento Gracián.

El exjesuita Erédia, reconocido por Felipe II de España y I de Portugal, que lo nombró descubridor de las Islas de Oro (la Australia de hoy) y autor de dos centenares de cartas marinas y terrestres, ofrece, a nuestro juicio, algunos datos en paralelo con el futuro Critilo de Gracián, al igual que otros mestizos que vivieron en la nueva Roma de Goa y criaron allí a sus hijos. Muchos de ellos sirvieron de puente entre la cultura oriental y la occidental, teniendo además como puntales las ciudades de Madrid y Lisboa.

Relacionado con el general de la Compañía de Jesús, Claudio Acquaviva, y autor de numerosas obras de cosmología, cartografía e historia natural como su *Summa de Arbores e Plantas*, la figura de Erédia, hijo de un aragonés y una india, invita sin duda a futuras investigaciones sobre el posible conocimiento que de su trayectoria vital y aventurera pudo tener Baltasar Gracián. No olvidemos que a lo largo de los siglos XVI y XVII, tras el establecimiento de los portugueses y los españoles en Asia, existe una amplia documentación relacionada con viajeros y órdenes religiosas que configuraron el *Estado de la India* y su nueva Roma en Goa. Las figuras de Critilo y de Felisinda pudieron tener sin duda antecedentes en los matrimonios formados por la saga de españoles, portugueses y aborígenes que vivieron y se educaron en Goa, constatando una mezcla de razas, religiones, lenguas y culturas. La *Declaraçam de Malaca e da India Meridional com Cathay* (1613), escrita por Erédia, ofrece sin duda nuevas perspectivas críticas.

Téngase en cuenta, por otro lado, que la paradisiaca y remota isla de santa Elena, que pasó a manos británicas en 1651, había sido descubierta en 1502 por el español Juan de Nova cuando regresaba de la India estando al servicio del rey de Portugal. La isla fue un lugar secreto puesto al servicio de los navegantes portugueses, y su situación, en medio del Atlántico, la hacía lugar propicio para ubicar el encuentro del salvaje Andrenio con el náufrago Critilo. Su nombre la vinculaba además a la leyenda de la madre del emperador Constantino, que, convertida al cristianismo, peregrinó a Jerusalén en busca de las reliquias de la cruz en el monte Calvario, por lo que sería conocida como santa Elena de la Cruz.

DE LA CUEVA SALVAJE AL MUNDO CIVILIZADO

Gracián siguió en su obra una tradición recogida por el tomismo, que Cicerón había consolidado en *Sobre la naturaleza de los dioses*, donde expresó la capacidad del hombre para conocer por sí mismo la divinidad. La crítica, como mostró Rafael Ramón Guerrero, ha relacionado al salvaje Andrenio con la obra de Ibn Tofail *El filósofo autodidacta,* pero el hecho de que esta no se tradujera al latín hasta 1671 por el arabista Edward Pococke en su *Philosophus autodidactus*, cuando Gracián ya había fallecido, hizo que se buscasen otras posibilidades respecto a su posible influencia en *El Criticón*.

Por otro lado, la obra del agustino fray Alonso de Soria, la *Historia y milicia Christiana del Caballero Pelegrino* (1601), ofrecía en la portada la imagen de una cierva amamantando a un niño, dando paso a una historia ligada a la de Ibn Tofail. La mencionada posibilidad de que el hombre pueda llegar al conocimiento de Dios por sí mismo tuvo un curioso referente en el tratado *De l´instinto naturale*, recogido en la *Opera del cavalier Fregoso Antonio Phileremo* (Venecia, Nicolò Zoppino di Aristotili di Ferrara, 1528). A nuestro juicio, esta obra bien pudo ser el eslabón intermedio entre Ibn Tofail, Alonso de Soria y Baltasar Gracián, quien, en el margen de *El Criticón,* colocó además el titulillo "Natural instinto".

Un análisis comparativo entre Gracián y Fregoso ofrece evidentes paralelismos, pues *De l´instinto naturale* cuenta la historia de un niño, hijo de la hermana de un rey que lo dio a luz secretamente y que tuvo que abandonarlo en una isla para no perder su honor. Criado entre fieras y amamantado por una cierva, lo encontraron unos náufragos, sorprendidos por su vestido y por su modo de hablar por señas. Según Fregoso, el niño logró, por medio de la razón y de su ingenio, ser capaz de obrar con discernimiento, alcanzar la verdad y vislumbrar la existencia de Dios. Se trataba de un tema que también estaba presente en "El cuento del ídolo, del rey y de su hija"; un relato árabe que, a juicio de García Gómez, pudo influir en *El Criticón*. En ese relato de un morisco aragonés, aparece un niño, que es amamantado por una gacela y que, como más adelante Andrenio, encuentra finalmente a su padre.

A nuestro juicio, la obra de Fregoso Fileremo *De l´instinto naturale* es el eslabón perdido entre Ibn Tofail y Gracián, pero sería Alonso de Soria quien divulgaría el tema en castellano. Se observan además algunas concomitancias entre el mencionado cuento árabe, la obra de Ibn Tofail y la de Fregoso, que conviene tener en cuenta a la hora de valorar los antecedentes de *El Criticón*. Este, suma de géneros, desde la alegoría al apólogo y la fábula, tuvo también un antecedente, como ya vimos, en *La Philosofia moral del Doni*, inspirada en textos árabes, hebreos, latinos, españoles y de otras lenguas. El autor italiano mostró además el camino de la inmortalidad a través de fábulas morales en las que se humanizaba a las bestias.

El Criticón está plagado de cuentos que sirven para ejemplificar lo que conceptualmente desarrollan las crisis, mostrando además un significado alegórico que lleva el cuño de su autor. La obra es, en ese sentido, la culminación de un género sapiencial que se manifestaba a través de ejemplos sacados de la cuentística o, en ocasiones, de la Biblia, y al que pertenecían obras como *Sendebar, Barlaam y Josafat, Calila e Dimna* o los *Proverbios morales* de Sem Tob. A su vez, *La Libraria* y *La Zucca* de Anton Francesco Doni, fueron también obras bien conocidas por el jesuita aragonés, que, rescataría, de *La Philosofia moral del Doni*, la incorporación de autores antiguos, novelas, argucias y sentencias. El género de los proverbios fue también cultivado en la época de Gracián desde una perspectiva religiosa, como mostró Cristóbal Pérez de Herrera con sus *Proverbios morales y consejos cristianos muy provechosos para concierto y espejo de la vida* (1618).

Por otra parte, conviene tener en cuenta el sentido de *fábula* en la *Philosofía secreta* (Madrid, 1585) de Juan Pérez de Moya, que convirtió la mitología en una filosofía moral semejante a la de Bocaccio, Natalio Conti y otros. Esa obra partía de la existencia de seis sentidos: literal, alegórico, anagógico, tropológico, físico y natural, que sin duda también conviene aplicar para entender mejor la variada riqueza de *El Criticón*. Para Pérez de Moya, la fábula era "una fabla fingida que representa una imagen de alguna cosa", lo que favorecía sin duda la creación de nuevos ejemplos que conformaran una nueva y moderna mitología de cuño propio, como la que crearía Gracián en *El Criticón* a través de sus alegorías, generalmente vestidas con ropaje femenino, con las que creó sus propios mitos.

Para Pérez de Moya, la mitología era "un habla que con palabras de admiración significa algún secreto natural, o cuento de historia, como la fábula que dice ser Venus de la espuma del mar engendrada". Su distinción entre las fábulas apológicas, que permitían hablar a los animales con palabras que persuadieran sabia y prudentemente a los hombres ayuda a entender las transformaciones y mitos creados por Gracián en esa obra, donde también hay huellas del *Asno de oro* de Apuleyo, recordado por Moya junto a las fábulas milesias, que consideraba eran "desvaríos sin fundamento de virtud, urdidos para embobecer a los simples", como hacían también los libros de caballerías, auténticos "cebos del demonio".

Gracián se acogió al doble juego alegórico de la *peregrinatio* y la *bellum intestinum,* lo que mantendría, por un lado, la progresión del relato y, por otro, el dinamismo de la lucha entre vicios y virtudes mantenido por sus protagonistas. Desde el punto de vista didáctico, la obra del checo Juan Amos Comenio, *Didactica Magna* (1630), había ofrecido anteriormente un tratado que partía del principio "enseñar en todo a todos" y de la formación de la persona desde su más tierna edad. Su plan educativo, que estribaba en la comprensión, la retención y la práctica, tenía sin duda puntos de contacto con el utilizado por los jesuitas en la *Ratio Studiorum*, aunque discurriera por otros derroteros.

El programa universalista de Comenio se proyectaba en la enseñanza de las virtudes, así como en la educación dentro de la familia y de la escuela. Pero creemos que *El laberinto del mundo y el paraíso del corazón* (1631), basado en un peregrinaje laberíntico de carácter educativo, unido a la alegoría y a la sátira, es una obra que presenta evidentes paralelismos con *El Criticón*. Pero mientras que el escritor checo había elevado a lo divino la segunda parte de su obra, Gracián se mantendría más a lo humano, distanciándose también de otras obras alegóricas, como la de Juan de Palafox, *El Pastor de Nochebuena* (México, 1644), cuya búsqueda de la verdad y de la eternidad se encauzó a través de un camino ascético muy diferente al de la futura obra graciana.

Como ya señalamos, Baltasar Gracián partió a lo largo de todas sus obras del arte de la memoria, basado en la combinación de *loci* e *imagines,* recogidos en la retórica clásica. Se trataba de un extendido recurso que la Compañía de Jesús desarrolló ampliamente a partir de los *Ejercicios Espirituales* de san Ignacio de Loyola. La mencionada *compositio loci* no era sin embargo nueva, aunque sí lo fuera, en este caso, su aplicación, pues el jesuita aragonés la desarrolló a niveles muy distintos, adaptándola a los conceptos de cada una de sus obras y, particularmente, en *El Comulgatorio* y en *El Criticón*.

La memoria no aparece nunca aislada, ya que debe ayudarse de otras facultades anímicas con las que entra a veces en colisión. Me refiero a la distorsión que esta ofrece respecto a la imaginativa y a que la composición de lugar es, en realidad, un ejercicio propiciado por la inventiva, pues es ella la que crea los lugares, las imágenes y las acciones. Gracián dijo en la crisi sexta de *El Criticón* II, que "todo pasa en imágenes y aún en imaginación en esta vida", añadiendo que la casa del saber era todo apariencia. El asunto desborda cualquier intento de simplificación, ya que el jesuita dio en esa obra un vuelco absoluto a la retórica mnemotécnica, trasladando su mimetismo a un espacio crítico y evolutivo, lejos de la simplificación que su uso arrastraba desde siglos.

En *El Criticón*, Gracián situó el viaje de Critilo y Andrenio en un amplísimo espacio, que, como hemos visto, iba desde Goa y la isla de Santa Elena a Roma. Pero, a despecho de su *topografía* real, desarrolló una *topotesia* en la que todo se elevaba a un significado distinto a impulsos de la alegoría. Y respecto a las imágenes, estas perdieron su estatismo tradicional, provocando un dinamismo que venía marcado por el curso de la peregrinación por mar y tierra. Lo curioso, sin embargo, es que esa alegorización espacial y temporal iba unida a nombres geográficos reales, que favorecieron además la entrada de la historia, del arte y de las humanidades, así como de los peligros y miserias del mundo en cada uno de los lugares por los que transitaban sus protagonistas.

En ese gran teatro calderoniano recreado por Gracián desde las primeras crisis y que no deja de ser en un teatro mental, todo se invierte, surgiendo de él un mundo nuevo, sujeto a una perspectiva crítica que lo transforma. Los viejos símbolos adquieren así nueva luz, ya se trate del mito de la caverna, del laberinto, de la cárcel, de los caminos que se bifurcan o del mar tempestuoso, así como de los despeñaderos, las encrucijadas, las fuentes engañosas, las jaulas de fieras y los corrales del vulgo. En ese mundo al revés dominado por las apariencias, que a veces alcanza tintes grotescos y carnavalescos, se dibuja una arquitectura simbólica, cuyo significado deberán descifrar y desvelar los peregrinos y, por extensión, los lectores. El camino deja así de ser lineal, al estar lleno de tempestades, encrucijadas, laberintos y escaleras, que van cambiando a merced de cómo la rueda de la fortuna impulsa constantes subidas y bajadas.

La alegoría, marcada por la batalla de vicios y virtudes de la clásica *psichomaquia*, así como por el concepto de peregrinación, se revitaliza, en este caso, al combinarse con el dinamismo de la novela bizantina; un género fundamental en la obra, pero al que Gracián daría también la vuelta gracias a su perspectiva crítica y satírica. Así, frente a las admirables maravillas del mundo creado, plasmadas en jardines y bibliotecas paradisíacas, a las regiones del Valor y del Saber o a las provincias de la Virtud y de la Honra, el trayecto estará lleno de lugares hostiles, oscuros y engañosos, que encarnan, a cada paso, el catálogo de los vicios.

El final de *El Criticón* plasmará el desarrollo de todo ello al presentar, como tantas otras obras del Siglo de Oro, incluido el *Persiles* cervantino, un resumen mnemotécnico con el que los lectores podrán repasar la obra por entero. Gracián ofreció además el significado de todos y cada uno de los lugares por los que habían pasado los protagonistas, indicando cómo obraron estos en cada uno de ellos. De ahí, que ese índice final sea, en realidad, la síntesis conceptual de una peregrinación en la que Andrenio y Critilo habían superado todos los obstáculos gracias al ejercicio de una recta filosofía moral.

El catálogo de virtudes aplicadas en cada lugar los hacía merecedores del mejor destino, pues se sirvieron en ellos de valores máximos, como los de la luz de la razón, la atención, la entereza, la advertencia, el escarmiento, la cordura, la curiosidad, el saber, la virtud, el valor, el juicio, la autoridad, la templanza, el desengaño o la constancia. De este modo, los lugares simbólicos alcanzan un significado vital y trascendente, que da sentido final al largo trayecto recorrido desde la cueva salvaje a la isla de la inmortalidad.

Junto a ello, Gracián desplegó un catálogo de hombres y mujeres célebres que encarnaron, en el pasado y en el presente, tanto los vicios como las virtudes, de forma que la memoria se insertaba así en la historia. Y otro tanto ocurrió con la historia del arte y de la cultura en general, recreada en palacios, iglesias, jardines, academias, museos y ciudades. Estas ofrecerán, sin embargo, como es el caso de Madrid o de Roma, la otra cara hostil de los lugares del mundo; esa en la que la maldad parece ganar siempre la partida. La obra está además plagada de inscripciones, carteles, columnas, jeroglíficos, inscripciones, empresas y emblemas sacados de la *Antología griega,* de la

Tabula Cebetis o de los jeroglíficos y la tradición iniciada por Alciato, que generaron toda una simbología visual y literaria en el Siglo de Oro.

Se configura así un discurso de la vida humana plasmado en imágenes, que alcanza un constante movimiento y que se nutre de la palabra oral y escrita, vertida en diálogos, refranes, cuentos, polianteas y oficinas enciclopédicas. No en vano estas codificaron de forma sintética el mundo abreviado de la literatura y de la historia. La evolución de la oralidad a la escritura se plasmaría a través del itinerario de la peregrinación de Andrenio y Critilo, mostrando una enseñanza que va desde la voz a las letras, en el sentido marcado por los manuales de escribientes y las teorías al uso sobre la escritura en la época de Gracián. Por otro lado, el discurrir de ambos peregrinos conlleva, entre sí y con los otros, un ejercicio permanente del diálogo, al abrigo de esa "sabiduría conversable", que destacó Pedro Cerezo en el *Oráculo* del jesuita aragonés.

El Criticón mostró además la gran admiración de su autor por la pintura del Bosco, Miguel Ángel y Rubens, con cuyas alegorías mostró numerosos paralelismos, así como por Velázquez, al que Gracián prefería incluso por encima de la perfección de Tiziano. La obra es en sí misma una suma de las artes plásticas, tanto desde el punto de vista teórico como práctico, por la inserción constante de imágenes pictóricas, escultóricas y arquitectónicas de todo tipo, cargadas de significados simbólicos en el decurso alegórico.

A su vez, el "Museo del Discreto" ofrecerá en sus nichos el valor indudable de todas y cada una de las disciplinas. Y otro tanto ocurre con la imagen calderoniana del gran teatro del mundo, que aflora al principio de la obra y que se extiende a cada paso a través de la escenografía, la puesta en escena y la actuación de unos personajes que dialogan y operan como actores y hasta como fantoches o títeres de hilo o de mano en la tragicomedia de la vida.

Gracias a esa perspectiva, *El Criticón* estará impregnado de todos los géneros teatrales, combinando la tragedia con la comedia y el entremés con la loa. Sin olvidar cuanto tiene de mojiganga y hasta de anticipo de los caprichos de Goya, gran admirador de Gracián, o del futuro esperpento valleinclanesco, donde las imágenes se proyectarían deformadas en espejos cóncavos. A todo ello cabe añadir la perspectiva satírica y burlesca, llena de humor ácido y con tintes de un carnaval continuo, que todo lo transforma e invierte como en un cuadro del Bosco.

Pero la trabazón de la obra se insertó sobre todo en el armazón de la novela bizantina o griega y en la superación de las novelas caballerescas, pastoriles y cortesanas, que se publicaron a lo divino y a lo humano, haciendo un compuesto en el que cabían los géneros más diversos: desde el diálogo humanístico, al cuento oriental, la facecia, el apólogo, la fábula, el chiste, la pregunta, el ejemplo, el refrán y el emblema, entre otros.

El desfile de monstruos que aparecen en *El Criticón* se enfrenta así al catálogo de maravillas, estudiado por Antonio Armisén, a través de la engañosa percepción de los sentidos exteriores. El contraste entre unos y otros se engarza en la obra con la poética de la admiración en su doble sentido sublime o miserable. Frente a todo ello, Gracián propondrá una lectura correcta del gran libro del mundo, abierto a los protagonistas y también a los lectores que van pasando sus páginas.

La obra recoge, a este respecto, la tradición acrisolada en el *Champ fleury* (1529), donde Geoffroy Tory trazó el simbolismo de las letras, que luego desarrollaría Gracián a través de la Y pitagórica o de otras muchas imágenes escriturarias. El despliegue de metáforas librescas en la obra es desde luego abrumador, pues, siguiendo a Marcial, el jesuita aragonés recreó el universo de la lectura y de la escritura, vivificándolo a través de abecedarios y símbolos caligráficos, ortográficos y tipográficos. Todo ello venía marcado por una tradición bíblica y clásica sobre cómo leer con acierto ese gran libro del mundo, que Dante tuvo presente en su *Divina Comedia*.

En "El mundo descifrado", todo está escrito en cifra y oculto en enigmas, y es obligación de los lectores saber descifrarlo, para lo que será fundamental la presencia de un guía, como el

Descifrador, que ayudará a los protagonistas a encontrar la clave oculta de las cosas. De ahí la importancia que Gracián da a la gramática, a las palabras, a las letras y hasta a los signos ortográficos, como cuando convierte a la famosa Tule o Tile de Virgilio en Tilde, dando además la vuelta a la región de la que provenían los protagonistas cervantinos de *Los trabajos de Persiles y Sigismunda.*

En ese panorama tan ricamente iniciado por Antonio Tagliente, Baptista Palatino o Juan de Ycíar en los manuales de escribientes italianos y españoles desde el siglo XVI, Gracián dibujará la imagen del hombre-libro, el hombre-letra, el hombre-diptongo y el hombre-etcétera. Sin olvidar el hombre "sí, pero", que afirma al principio y luego lanza la adversativa. Consecuente con todo ello, el barco en el que los peregrinos navegan sobre un mar de tinta al final de *El Criticón* estará forjado y adornado con materiales artísticos y literarios.

Sobre ese escenario del mundo recreado por Gracián, aparecen otras muchas imágenes, como las del sueño y del ensueño, al convertirse todo en apariencias y en el triunfo del embeleco, el engaño, la usurpación, la charlatanería, la locura, la falsedad y la tiranía. En su desarrollo, surgirán además las dos puertas del sueño creadas por Homero, la de la verdad y la de la mentira, en una lucha que el hombre debe librar a lo largo de toda su vida para salir triunfante.

La idea de la fama y la del camino que conduce a la inmortalidad estaban ya en sus tratados, pero será en *El Criticón* donde sus ideas se consolidarían plenamente. Estas iban unidas a otros muchos conceptos, expuestos a través de imágenes como la del bivio heraclida o la del laberinto, ya mencionados, que Gracián multiplicaría y haría más complejas. La alegoría, como metáfora continuada, que se expresa incluso en los títulos de las crisis y en las acotaciones marginales de las dos primeras partes, proveerá a Gracián de un medio didáctico que le servirá para mostrar sus principios morales. Estos se plasmarán a través del dinamismo progresivo y regresivo de la peregrinación, así como de la lucha permanente entre vicios y virtudes traducida a un sinfín de imágenes vitales.

LIBRO DE LIBROS

El Criticón es una auténtica librería selecta en la que Gracián lee y relee la mayoría de los autores que nutrieron sus obras anteriores, pero también otros muchos que completan un amplio panorama histórico, filosófico, científico y literario, interpretado a nueva luz. Así ocurre con sus referencias a aquellos que configuran la imitación compuesta de distintos géneros, como el cuento, el romancero, la épica clásica, la historia, la sátira o la novela bizantina, entre otros ya mencionados, impregnando todos ellos de conceptos filosóficos. Estos nutrieron, a distintos niveles, la mayor parte de la literatura de la época, como fue el caso de Alonso de Barros, con su *Filosofía cortesana moralizada* (1587). De ahí que surjan, directa o indirectamente, autores de la tradición grecolatina, como Homero, Platón, Aristóteles, Epicuro, Epicteto, Sócrates, Virgilio, Horacio, Ovidio, Catón, Cicerón, Juvenal, Tácito, Terencio, Luciano, Apuleyo, Tito Livio, Suetonio, Quintiliano, Marcial, Séneca, Catón o Heliodoro. Entre Heráclito y Demócrito, Gracián vinculó su obra a quienes le sirvieron de modelo imitable o a quienes trató de emular y a veces no nombró, partiendo siempre de su propia premisa de "discurrir a lo libre", a la hora de interpretar la tragicomedia de la vida.

Salta a la vista la huella de autores italianos que aparecen en sus páginas; ya se trate de Petrarca, Dante, Claudio Achillini, Boccalini, Giovanni Botero, Paolo Giovio o Maquiavelo; sin olvidar a Alciato, Giambattista Guarini, Ludovico Guicciardini, Ottavio Piccolomini, Giambattista Marino, Ludovico Ariosto, Torquato Tasso y otros ya mencionados. No faltan sin embargo autores de otras naciones, como Erasmo, Galileo, Camoens y John Barclay, que aparecen de forma ocasional. En relación con España, cabría aludir a silencios clamorosos como el de Cervantes, pese a que *El Criticón* esté diseñado como contrafigura del *Persiles*, ataque de forma encubierta el heroísmo del *Quijote* y hable de la falta de sustancia en Quevedo. Aparte habría que considerar el amplio fondo de literatura oral procedente de cuentos, refranes, dichos y romances, o de autores que inspiraron su obra o que seleccionó por razón de sus conceptos o de su estilo, como es el caso de

Boscán, Fernando de Herrera, los Argensola, Lope de Vega, Góngora, Mateo Alemán y Calderón de la Barca, entre otros.

El Criticón contiene además un escrutinio permanente sobre las Humanidades en general, ya que emite constantes juicios sobre todas y cada una de las disciplinas. De ello se deduce además una reflexión histórica, que lleva al ataque, cuando se refiere a Nerón, o al panegírico de los gobernantes excelsos. Respecto a España, España, son evidentes los realces y elogios dedicados a Carlos V, Felipe II, Felipe III y Felipe IV. El jesuita aragonés amplió la historia de los monarcas celebrados con la genealogía de los reyes de Castilla y sobre todo de Aragón, pero quien se llevó la palma fue sin duda su venerado Fernando el Católico, cuyo nombre va a veces unido al de la reina Isabel, como ya señalamos.

Ese realce se extiende a otras figuras clave en la historia de España como es el caso del Cid, de Guzmán el Bueno y del Gran Capitán; o, en la de Francia, con referencias a Roldán, Enrique IV y Luis XIII, entre otros. Su afán universalista le hizo recalar también en las de otras naciones, como Juan II Casimiro rey de Polonia y Lituania, Enrique VIII de Inglaterra, Juan II de Portugal o Gustavo II de Suecia. Esa visión se extendió a personajes tan curiosos para un occidental como el emperador japonés Taicosama, pues Gracián creyó que los japoneses eran los españoles de Asia. Al lado, la lista de los nobles que aparecen en la obra merecería consideración detenida, siendo uno de los más aludidos, aunque veladamente, el conde-duque de Olivares, con cuya política el jesuita estuvo en desacuerdo.

También habría que considerar las numerosísimas referencias al Antiguo y al Nuevo Testamento, de los que dio abundantes muestras en *El Comulgatorio*. Gracián, como profesor de Escritura hasta el final de sus días, recogió en su última obra numerosas citas provenientes del Génesis, que iban ligadas a la creación del mundo, en la línea marcada por los *Examerones*. Estos la concibieron como una obra de arte hecha por Dios; aunque también hiciera numerosas alusiones a los Salmos, los Proverbios y el Eclesiastés, así como a un buen número de textos basados en los Evangelios y en el Apocalipsis.

Tampoco se olvidó de Tomás de Kempis ni de Lutero, aunque el catálogo de obras religiosas o de santos es sensiblemente inferior, en *El Criticón*, al de los nombres derivados de la tradición clásica, histórica y humanística. Capítulo aparte son los referentes a autores de la Compañía de Jesús, entre los que cabe mencionar al padre Juan de Mariana y, en particular, a Juan Eusebio Nieremberg, al que Gracián quiso emular, sin citarlo en ocasiones, al igual que ocurrió con las obras del mencionado obispo de Puebla de los Ángeles en Méjico, Juan de Palafox y Mendoza.

La vida en estaciones

La primera parte de *El Criticón*, dedicada a la primavera de la niñez y al estío de la juventud, se divide en trece crisis, en sentido etimológico de juicios, que se inician en la isla de Santa Elena en el Atlántico. Allí llega el náufrago Critilo y allí lo rescata el joven Andrenio, quien, a pesar de su estado salvaje y de su vida en el fondo de una cueva oscura, enseguida muestra indicios de su dignidad humana en medio de las fieras. Este, alumbrado por la luz de la razón, evoluciona gracias al encuentro con Critilo, encarnación del mundo civilizado. Sus primeras crisis plasmaron, según vimos, algunas de las vivencias de los españoles y portugueses que llegaron a las tierras americanas y a las situadas en el Oriente.

A la admiración de Andrenio ante las bellezas del mundo natural creado por Dios, seguirá la que le produce la contemplación de los seres que lo pueblan y cuya vida se conforma como una batalla constante entre contrarios que trastocan la armonía divina del cosmos, donde los hombres se comportan como fieras. El elogio de la razón alumbra los primeros años de ese salvaje, cuya infancia se recrea desde la pauta del Génesis y de la *Historia natural* de Plinio el Viejo, entre otras fuentes, como las relacionadas con la cueva que Platón describió en su *República*.

Al lado, cabe recordar la *Introducción al símbolo de la fe* (1583) de fray Luis de Granada, que recogía numerosas fuentes clásicas y renacentistas sobre el gran libro del mundo creado por Dios como una obra de arte, mientras que las obras de Pico della Mirandola, Gianozzo Manetti y Fernán Pérez de Oliva suministraron a Gracián ideas fundamentales sobre la dignidad del hombre desde su nacimiento así como sobre sus miserias. La llegada de Critilo transformará la vida del buen salvaje Andrenio, gracias al milagro de la educación en la que aquel le inicia. Posteriormente, la llegada a la isla de Santa Elena de unos navegantes hará que ambos emprendan un viaje por mar en el que Critilo narrará el curso de su vida anterior, marcada por la pasión amorosa hacia Felisinda, y adoctrinará a Andrenio.

La doble vía heraclida se ofrecerá constantemente como camino a elegir entre la virtud y el vicio desde una perspectiva clásica pero también cristiana. La existencia de Dios se asegura a través de una naturaleza perfecta creada por él, pero que pronto se ve alterada por la aparición de la maldad, ejemplificada en el recuento de la tragedia vivida por Critilo. Su relato estará marcado por su largo viaje desde Goa, donde murieron sus padres y el hermano de su amada Felisinda, que heredaría el mayorazgo. La entrada en acción de un pretendiente de esta llevó a Critilo a asesinarlo, razón por la que él perdería casi todos sus bienes y sería encarcelado. A su vez, los padres de Felisinda la enviarán a la corte junto al hijo que había engendrado, pero este terminará abandonado en la solitaria isla de Santa Elena a merced de las fieras.

Por otro lado, la pretendida salvación de Critilo para que fuese conducido a España se trunca al ser arrojado durante el viaje por el capitán del barco que lo llevaba hacia la corte, aunque, como Jonás, encontrará un nuevo camino de salvación al ser rescatado, según vimos, por el salvaje Andrenio en su solitaria isla. Más adelante, se comprobará la inútil búsqueda de Felisinda por parte de ambos, y, en su futuro trayecto hacia Roma, representarán a un tiempo la doble figura de padre e hijo, maestro y discípulo.

En el viaje por mar, Gracián opondrá la viciosa juventud de Critilo, a la recta vía que este imprimirá en sus lecciones a Andrenio. Pero su entrada en el mundo y en la gran Babilonia de España se verán envueltas en un laberinto de pasiones, problemas e intrigas del que solo se puede salir gracias al juicio y a la sabiduría. Se inicia así una transformación constante de los viejos símbolos, incluido el de la mencionada *Tabula Cebetis,* tan afín a las enseñanzas jesuíticas, para transformarse en obstáculos, que los protagonistas tendrán que ir salvando a cada paso. Sobre todo, al entrar en las ciudades, asiento mayor de los vicios.

Los caminos de los protagonistas corren a veces de forma conjunta, pero también divergen. Así, mientras Critilo disfruta de las maravillas de Artemia, Andrenio atisba los engaños de Falimundo. Uno y otro dialogarán sobre la anatomía del hombre desde una perspectiva moral y simbólica, comprobando el lado oscuro de la hechicera, que les advierte de los peligros de la corte. Estos prosiguen su camino hacia Madrid, donde esperan encontrar a Felisinda, pero los espacios del golfo cortesano se mostrarán como un hervidero de vicios y falsedades.

Gracián, heredero del Bosco y de la tradición satírica, dibuja un mundo al revés lleno de peligros, como el que aparece en el Estado del siglo o en la Fuente de los engaños, donde solo se salvan algunas figuras modélicas, como Quirón, símbolo de la sabiduría; Artemia, de la educación; o el Sabio, que les enseña a descubrir el engaño de la corte. Esta ofrecerá sin embargo el espacio de una librería, que se convertirá en el mejor medio para no perderse en ese tortuoso mundo.

El personaje de Artemia agrupó, en sí mismo, a las Artes Liberales, que Marciano Capella había recogido en su *Satyricon o De Nuptiis et Mercurii et de septem Artibus liberalibus,* a principios del siglo XV. Al septenario formado por del *Trivium* y el *Quadrivium,* el tiempo iría añadiendo otras disciplinas hasta la división propulsada por el Neoclasicismo entre letras y ciencias. Ello provocó una antítesis, de cuyos efectos tenemos abundantes testimonios en nuestros días, al sacrificar las primeras a impulsos de la utilidad inherente a las segundas.

Las artes perfeccionan, en *El Criticón,* a la naturaleza, convirtiendo a los brutos en personas, como hace esa singular Artemia, tan sabia como discreta y en cuyo palacio habitan todas las disciplinas. Gracián opone constantemente los espacios del vicio y los de la virtud, encareciendo las admirables maravillas de Artemia y satirizando los corrales del vulgo, donde reinan la falsedad y el embeleco. Madrid, madre y madrastra, ejemplificará a la perfección ese doble y antitético juego.

El trayecto perseguido por sus protagonistas muestra constantemente la engañosa e inútil búsqueda de la felicidad, encarnada por la buscada Felisinda, esposa de Critilo y madre de Andrenio. A cambio, la realidad ofrecerá el espacio vicioso de los encantos de Falsirena, que parecen recrear los de la famosa Circe, que Calderón personificó en su auto *Los encantos de la Culpa*. La falsa sirena, con sus temibles armas, les descubrirá, en la crisi duodécima, que Andrenio, abandonado por Felisinda en una isla, es hijo de Critilo, produciéndose así una anagnórisis truncada en la que la madre y esposa de ambos está ausente. Los caminos de uno y otro divergen y convergen en un vaivén de senderos y situaciones acordes con sus edades, lo que complica la acción constantemente. Así ocurre en la feria del mundo al final de la primera parte, cuyo desenlace queda en suspenso, camino de Aragón.

Los peregrinos de *El Criticón* reciben a menudo, según se ha dicho, la ayuda de distintos guías, que, sin embargo, hacen a veces de contraguías, llevándolos por el mal camino o hacia lugares complicados o escabrosos. Como señaló Soledad Carrasco Urgoiti, el papel inicial de guía espiritual ofrecido por Critilo a Andrenio, y que se mantendrá a lo largo de toda la obra, se ampliará pronto por los guías con los que se encuentran ambos en su trayecto vital. Así ocurre, al final de la primera parte, con Egenio, que los lleva a la feria del mundo. La amplia serie de los guías se plasma a través de figuras procedentes de la mitología, como es el caso de Quirón o de Argos, pero también a través de otros de factura propia, que Gracián inserta de forma simbólica o alegórica, como el Varón Alado, el Sagaz, el Acertador, el Descifrador o el Zahorí y el Inmortal, entre otros.

La última crisi de la primera parte mostrará el camino de la inmortalidad alcanzada gracias a la fama, conseguida por las armas y las letras, en paralelo con el final de la futura tercera parte. Y, al igual que ocurrirá en esta, la feria de la vida presentará, frente a los inmortales como Homero, Horacio o el Gran Capitán, otras figuras sumidas en el eterno olvido. Gracián sigue así un doble dictado, que se ampliaría en la segunda parte, y que venía marcado por la *Ética a Nicómaco* y por los diálogos de Séneca, tan presentes en todas sus obras, pero también por el *De vita Beata* de san Agustín y otros textos de raíz cristiana. De este modo, la concepción de la felicidad como supremo bien se trasciende, aunque también se subvierta a efectos de la sátira de costumbres.

La primera parte presenta un itinerario marítimo y terrestre tan complicado como la sintaxis y las metáforas, desarrollándose bajo la imagen de una contienda de filosofía moral y estoica, según se dice en los preliminares del libro. En ella, se ofrece además un catálogo de vicios nacionales semejante al que Boccalini había desarrollado en sus *Avisos del Parnaso*. Las dos partes siguientes ofrecerán, sin embargo, una peregrinación terrestre por Europa solo interrumpida por el viaje que los protagonistas hacen hasta llegar a la Isla de la Inmortalidad.

No deja de ser curioso que cuando Paul Rycaut tradujo al inglés la primera parte de esta obra graciana como *The Critick* (Londres, 1681) encareciera en ella el ingenio y el sentido del humor de "Lorenzo Gracián", aunque demostrase su desconocimiento de la segunda y la tercera parte. Ese traductor, que había sido enviado desde Cambridge por su padre a la Universidad de Alcalá junto a su hermano para que aprendieran español, consideró esa obra como símbolo de su propia vida viajera, añadiendo un desenlace de cuño propio a la primera parte.

Rycaut fue además el primero que vio el paralelo entre *El Criticón* y la mencionada obra de Ibn Tofail, que había sido publicada anteriormente por Eduard Pocok, *Philosophus Autodidactus sive epistola Abi Jafar, ebn Thofail, de Hai ebn Yokdham, in qua ostenditur quomodo ex inferiorum contemplatione ad superiores notitiam ratio humana ascendere possit; Arabice et latine edidit* (Oxford, 1671). Serían sin embargo la versión francesa de *El Criticón, L'homme détrompé ou Le Criticon de*

Baltazar Gracian (París, 1696) de Guillaume de Maunory y la de La Haya (1715-1712) las que abrirían el camino de su traducción a otras lenguas europeas.

"NEL MEZZO DEL CAMMIN…"

La segunda parte de *El Criticón. Juiciosa cortesana filosofía en el otoño de la varonil edad* (1653) se inicia con una exposición sobre las edades del hombre que constituye una poética de la obra, desarrollada vitalmente a través de la evolución de Andrenio y Critilo. El paso a esa edad, guiados por Argos, estará lleno de asperezas y se dibujará, *per aspera ad astra*, como una primera cuesta que permitirá a los peregrinos avistar el mundo desde las alturas al igual que ocurre en el *Somnium Scipionis* ciceroniano.

En Aragón, "la buena España", Gracián ofrecerá un escrutinio o reforma de libros en el palacio oscense de Salastano, suma de la naturaleza y del arte. Pero allí Critilo arremeterá contra la mezcla indiscriminada de objetos en los museos y pondrá además en tela de juicio la existencia de algunos mitos como el del ave fénix. En esa estación de la vida, frente a la búsqueda de la felicidad, surgirá la de la virtud, el valor y la sabiduría, que, en definitiva, son los que conducen a la inmortalidad. Esta segunda parte, situada entre dos extremos, será la más positiva y provechosa, lejos ya de las inseguridades, ardores y avatares de la niñez y de la juventud, pero también de los horrores de la edad senil, con la que concluirá la tercera parte de la obra.

Gracián alabó la arquitectura y las antigüedades, que situó sin embargo dentro de los parámetros de la filosofía moral y social, criticando aquellos predios que se edificaron merced al dispendio o las ganancias de la guerra. En ese sentido, consideramos que, en el capítulo dedicado a Salastano de la segunda parte, hay una crítica evidente de los lugares de recreo, que remite a los *Horti Salustiani,* construidos por el famoso historiador romano gracias a las riquezas obtenidas como gobernador y conquistador de África Nova. Ello equivalía a poner en tela de juicio los palacios, las bibliotecas, los museos y los jardines construidos con ganancias espurias o gracias a los botines de guerra, como muestra de la perversión humana aplicada a la naturaleza y al arte.

El jesuita atacará además las bibliotecas y museos que acumulaban libros y vestigios de la Antigüedad indiscriminadamente como si fueran un arca de Noé, probando hasta qué punto el palacio de las Humanidades también podía ser asediado por los vicios. De ese modo, la idea de la biblioteca como paraíso se presentará también bajo el prisma satírico y paradójico en el palacio de Salastano. A partir del recuerdo de la casa de Lastanosa en Huesca, el jesuita convertirá ese solaz de delicias en un espacio lleno también de falsedades. En él, elogiaría, por un lado, los espacios de la memoria perpetua donde permanecen los reyes y héroes insignes, y atacaría, por otro, a quienes usurparon el verdadero sentido del heroísmo y de la fama.

Las paradojas y antítesis del museo de Salastano se ofrecerán también, tras pasar los Pirineos, en el dorado palacio francés de la codicia y posteriormente en el Museo del discreto, donde el tesoro de la sabiduría va unido a la pobreza, como manifestó Alciato en uno de sus conocidos emblemas. Mientras tanto, Andrenio irá a la plaza del populacho, llena de monstruosidades, donde todo se rebaja y subvierte, desde los oficios mecánicos al consejo de Estado. En ese corral del vulgo, Gracián mostrará además el triunfo de la palabrería, la superstición y la ignorancia de quienes carecen de entendimiento.

Un enano acompañará a su vez a Critilo, que tratará de buscar a Andrenio por la estrecha vía del saber, convertida en un espacio lleno de altibajos e identificada con los ascensos y descensos del palacio de la Fortuna, que arrastra a todos a una caída inexorable. Camino del palacio de Virtelia y conducidos por un ermitaño, los peligros se agrandan hasta alcanzar el laberíntico Yermo de Hipocrinda. Este, a salvo de plausibles referencias directas a las que ya hicimos referencia, se ofrece como paradigma de los vicios que se albergan en los conventos, donde viven falsos monjes y donde hay una escuela de hipocresía; sin que falte en ellos la figura de una mujer obesa, imagen de la lujuria y de la apariencia. A ese tétrico panorama, seguirá el de la Armería del Valor, donde los peregrinos encuentran, sin embargo, los símbolos de las hazañas épicas, ejemplificados en las armas ofensivas y defensivas de los héroes más relevantes de la historia.

Gracián glorificará en la segunda parte a quienes alcanzaron la eternidad por sus escritos o a quienes ocupan dignamente el salón de la historia, hecho con verdad, así como el de la política. Petrarca, Guarini, Boscán, Lupercio Leonardo de Argensola, Camoens y Tasso serán alabados por el jesuita, que no tendrá reparo en criticar, a cambio, las plumas vendidas o faltas de ingenio y a quienes han escrito obras carentes de filosofía moral.

Andrenio y Critilo avanzarán o retrocederán por caminos llenos de subidas y bajadas, siempre al azar de los vaivenes de la fortuna y de la doble vía de la virtud o del vicio. Frente a la gloriosa Armería del Valor, aparecerá un Anfiteatro de Monstruosidades, donde triunfan los vicios y reinan los tres enemigos del hombre: mundo, demonio y carne. Este sirve de antesala al opuesto Palacio de Virtelia, reino de la justicia y la prudencia, lo que supondrá todo un triunfo para los peregrinos, convertidos en "candidados de la eterna felicidad" y que, siquiera momentáneamente, ascienden al territorio celeste. En ese sentido, Virtelia está por encima de Sofisbella y de Artemia, anticipando el final de la obra, donde la virtud y el valor gozarán de preeminencia.

Pero, al igual que ocurre con los ascensos aquilíneos en la mística, Andrenio y Critilo deberán descender nuevamente y atravesar el puente adversativo de los peros para llegar al emporio de la honra. De esta forma, Gracián se apropió de la tradición universitaria del "puente de los peros", que los universitarios europeos debían trasvasar simbólicamente a principios de curso, convirtiéndolo en una nueva prueba para sus peregrinos. Esta irá unida, además, en la crisi XI, a un tema tan fundamental en el teatro del Siglo de Oro como el de la honra, que el jesuita tratará de desmitificar.

A su vez, "El trono del mando" planteará después un debate sobre la supremacía entre las disciplinas humanísticas y las científicas, saliendo ganador el arte epistolar, de tan rica proyección desde el Renacimiento. Pero la crisi graciana se centrará sobre todo en la idoneidad de quienes deben regir los destinos del mundo, a través de la imagen de una pelota con la que juegan unos y otros en círculo.

La segunda parte de *El Criticón* se cerrará con un canto a la poesía, entendida en el sentido amplio de literatura, que le dio Aristóteles, y que se alzará sobre el resto de las Humanidades gracias al deleite. La lucha entre la memoria y el olvido continuará, sin embargo, en la compleja búsqueda de la felicidad, llena nuevamente de ascensos y descensos, que además transcurren en aspa, dada la diferencia de edad entre Andrenio y Critilo. El curioso personaje del "Gigantinano", mezcla de gigante y enano, a través de una fusión semántica como la del famoso "baciyelmo" del *Quijote*, encarnará la crítica de la soberbia en las palabras del Evangelio de San Lucas, 14, que tanto le gustaban a Miguel de Cervantes: "el que se ensalza será humillado y el que se humilla será ensalzado".

Horrores y honores de Vejecia

Pasados los Alpes, los peregrinos caminarán, en la tercera parte, hacia los horrores y los honores de Vejecia; un espacio tanto o más tortuoso e intrincado que los anteriores, pero pertrechados ya de las enseñanzas recibidas. Se abrirá así la posibilidad de un nuevo viaje alegórico y satírico, cuyo final no será otro que el de la muerte. La tercera parte de *El Criticón* es, en realidad, un libro *de senectute* cargado de filosofía moral y que termina en una isla que cierra el círculo abierto en la primera.

Las tradicionales vueltas de la rueda de la Fortuna se combinarán en ella con nuevas subidas y bajadas, encrucijadas y laberintos que se multiplican en todas las direcciones. La alegoría del Tiempo ofrecerá, a su vez, las dos caras del honor y del horror en el último tramo del camino, lleno de dificultades y que cada peregrino tendrá que sortear a su manera. La segunda parte, discurriendo entre dos caminos, estaba ya llena del desengaño que se ampliaría en la tercera, pero esta ofrecería también la vertiente virtuosa por la que discurrirían la sabiduría, la razón y la prudencia.

La alegórica Vejecia presentará, entre dignidades y miserias, la cara "janual", encarnada por Andrenio y Critilo. El deterioro físico de los protagonistas los sumirá además en la melancolía, al igual que la vista de los innumerables vicios y maldades de un mundo inmundo lleno de falsedad. A cambio, visitarán los limpios espacios de la Verdad, preñada por el Tiempo, aunque, para avanzar bien, los peregrinos, en paralelo con los lectores, deberán aprender a descifrar ese mundo cifrado lleno de apariencias y que va del engaño al desengaño, hijo cuerdo de la Verdad. No es extraño, por ello, que el guía sea ahora un personaje llamado Descifrador, que les ayuda a desentrañar lo oculto.

En esta última parte, la imagen del laberinto cortesano se agranda en paralelo con el laberinto de un lenguaje que convierte a los protagonistas y a los lectores en zahoríes que deben alcanzar el significado oculto de las palabras y de las cosas. Todo se deconstruye y se diluye hasta hacerse invisible, como signo de una sociedad confusa en la que las maldades se multiplican. Al emblemático vuelo alto de las palomas, símbolo de la candidez, se opondrá en el suelo el de las serpientes, símbolo de la astucia, lo que servirá a Gracián para tratar de buscar el justo medio en las trayectorias opuestas de Andrenio y Critilo. Estos se convierten además en invisibles dentro de un palacio sin puertas ni ventanas, donde reina Caco, y del que finalmente salen, gracias a la verdad y al desengaño.

La perspectiva satírica domina toda la tercera parte, en paralelo con la feroz muestra de las miserias físicas y morales del hombre. Estas se anuncian en los epígrafes, como "El estanco de los vicios", luego desarrollado a través de la deconstrucción de la armonía del mundo y su relación con la del ser humano a través de la inversión de los viejos mitos, convirtiendo a Baco en Vaca al hablar de la vinolencia. Gracián ofrecerá descarnadamente la personificación de ese y otros vicios, mostrando en "El palacio sin puertas" la antítesis constante entre el engaño y el desengaño, o la necesidad de utilizar un nuevo modo de atisbar el interior del ser humano sin que haga falta la aludida ventanilla en el pecho del hombre.

En las últimas crisis, Gracián dibujará un descenso, que va de la invisibilidad a la anulación, pasando por la vacuidad espacial en los desvanes del mundo, los candados en la boca, el desvanecimiento, la desaparición y la muerte. Con esos y otros mimbres, se desarrolla una poética semejante a la deriva de un tópico clásico, desarrollado por Herrera y Quevedo, que cristalizó en el último endecasílabo del conocido soneto de Góngora, donde todo acaba "en tierra, en humo, en polvo, en sombra, en nada".

Un nuevo escrutinio de héroes y sabios surgirá para plantear el tema de la inmortalidad alcanzada gracias al valor o al ejercicio de las Humanidades. En el panorama vindicativo de las artes y las letras, Gracián elevará a estas por encima de aquellas, siguiendo el dictado horaciano del *Exegi monumentum aere perennius,* y, conforme avanza la tercera parte, cargará las tintas contra los vicios. Sobre todo, el de la soberbia, hija de la Nada, lo que conllevará una dura crítica contra la vanidad de los linajes o la de los presuntuosos y vanidosos, convertidos por el arte del jesuita en "nonadillas".

La cueva platónica, donde Andrenio nació al mundo del conocimiento al principio de la obra, se convertirá aquí en la Cueva de la Nada, donde todo lo que entra desaparece. A ella van a parar los vanidosos, los ociosos, las hermosuras y los libros vanos, ya se trate de "novelas frías, sueños de ingenios enfermos" o de "comedias silbadas", faltas de verosimilitud. De este modo, Gracián llevó a los últimos extremos de vacío absoluto la tradición de las cuevas que habían llenado la literatura a lo largo de los siglos, desde la cueva de Atapuerca, bien conocida en el Siglo de Oro y que Cervantes recreó magistralmente en la cueva de Montesinos.

En ese sentido, la distancia con *El Persiles* se agrandó también, pues si este empezaba con las voces del bárbaro Corsicurvo en el fondo de una cueva y terminaba con el final feliz de las bodas de Periandro y Auristela en Roma, *El Criticón* irá de la cueva del salvaje Andrenio en la isla de Santa Elena, a la cueva de la Nada absoluta para los que merecen el olvido sempiterno. Pero, más allá de ese vacío, Gracián ofrecerá un final distinto a quienes merezcan navegar por el mar de la memoria perpetua.

Los protagonistas de *El Criticón* se salvarán de ser sepultados en el abismo y se encaminarán hacia Roma, patria de salvación. Pero antes de llegar a ella, el jesuita ofrecerá la imagen de una academia fícticia en la que debaten algunos de sus autores favoritos, como Serafino Aquilano o Gian Battista Marino. A través del modelo de las numerosísimas academias italianas que España imitó desde finales del siglo XVI y que también tuvieran asiento en Aragón, Gracián planteará, como luego veremos, un debate sobre la inútil búsqueda de la felicidad que Andrenio y Critilo habían ido buscando a lo largo de su peregrinación y que se sustanciaba en una Felisinda que sin embargo ya había fallecido.

En lo alto de una de las colinas de Roma, los peregrinos verán ya no solo la ciudad, sino el juego de los tiempos pasado, presente y futuro. Pero bajarán luego a la plaza Navona, paradigma del diario vivir, donde verán nuevas maravillas, descendiendo luego al ultramundo formado por cuevas llenas de muertos. *El Criticón* cobrará así un sentido apocalíptico, que tiene además no pocos puntos de contacto con *El mundo por de dentro* de Francisco de Quevedo.

Además del referente inicial de *El gran teatro del mundo* de Calderón y de *La vida es sueño*, presentes en la primera parte de *El Criticón*, Gracián pudo también consultar *El teatro del mundo* (1560) de Pedro Bovistuau, quien había mostrado una descarnada pintura de la vejez, vísperas de la ineludible muerte. Pero *El Criticón* dejaría el desenlace de la tragicomedia de la vida en manos del lector, que deberá buscarlo a lo largo de toda su vida, con lo que el final de la obra quedaba abierto en eterno suspenso. Previamente y sin salirse de la ortodoxia, la última crisi concluirá que el logro de la inmortalidad se podía alcanzar por medio del valor y de las letras, lo que configuró una nueva anagnórisis literaria en la vida de Andrenio y Critilo, dada su infructuosa búsqueda de Felisinda.

En *El Criticón*, la muerte no es el final, pues existe un remedio contra ella que se fabrica a lo largo de toda la vida y que hace posible que los hombres insignes nunca mueran. De isla a isla, la de la Inmortalidad cerrará en la última crisi el círculo iniciado en la de Santa Elena. El viaje por mar y por tierra de Andrenio y Critilo llegaba a su fin, ofreciendo una salida a los laberintos de la vida. Acompañados por el personaje del Peregrino Inmortal, posible *alter ego* o *alter utrum* del propio Gracián, se dirigirán a la isla que los hará imperecederos a través de una secreta mina y de un mar de aguas negras, símbolo del sudor y de la tinta que eternizan a los héroes y a los autores señeros. El viaje lo harán en una chalupa emblemática con plumas por remos, llena de empresas, inscripciones y cubiertas de libros, y cuyas velas estaban adornadas con lienzos de Timantes y Velázquez, lo que aseguraba a un tiempo la inmortalidad del arte y de la literatura.

En el último apólogo, el Hacedor Supremo advertirá que la eternidad se logra obrando, trabajando o gobernando, pero sobre todo siendo eminentes en la virtud. El desenlace, sin apartarse su autor de la ortodoxia una vez más, no hará sin embargo referencia ni al juicio final ni a la salvación eterna en sentido religioso. Pues el juicio presente en la obra lo lleva a cabo el Mérito, un personaje que no solo examina a Andrenio y a Critilo, sino al Peregrino Inmortal, haciendo en él referencia a los héroes y escritores glorificados por la memoria. Una vez hecho el repaso de sus acciones, lo que conlleva, en realidad, la aludida síntesis mnemotécnica de todo *El Criticón*, el Mérito abraza a los peregrinos y les abre las puertas de la mansión de la eternidad. Su entrada definitiva en ese palacio de la vida queda sin embargo en suspenso, pues dice Gracián que "quien quisiere saberlo y experimentarlo tome el rumbo de la virtud insigne, del valor heroico, y llegará a pasar al teatro de la fama, al trono de la estimación y al centro de la inmortalidad".

El Criticón acaba así con uno de los recursos más usado en las novelas del Siglo de Oro. Me refiero a la suspensión ariostesca, empleada al final de los capítulos e incluso de las obras inacabadas para mantener, así, la atención de los lectores. Solo que el recurso tiene aquí una función diferente, ya que la continuación no queda en manos del autor, sino de los lectores. Con él, Gracián ofrecía el final de la obra y el de la vida a la consideración de cada uno de ellos, pues, como había dicho Cervantes en *El Quijote*, "cada uno es artífice de su propia ventura".

El esquema clásico de las novelas sentimentales, pastoriles, caballerescas y bizantinas o de las comedias con final feliz en boda desparecía en *El Criticón*. Y lo mismo ocurría, en parte, con los desenlaces de las obras a lo divino o de los autos sacramentales con un desenlace eucarístico y glorioso. El paso de Andrenio y Critilo por la laguna Estigia daba término a una peregrinación llena de bivios y encrucijadas que, como la *Divina Comedia*, se sujetaba a la evolución moral de los personajes según las edades del hombre. Pero Gracián no dibujó finalmente un ascenso celeste y circular como Dante, sino una linealidad progresiva, alterada por ascensos y descensos, vueltas y revueltas, bivios y encrucijadas desde la isla de Santa Elena a la Isla de la Inmortalidad. Ese largo y tortuoso camino por mar y tierra emprendido por los protagonistas le ofreció además la posibilidad de hacer una sátira feroz sobre los vicios de los hombres y las monstruosidades del mundo, que recordaban, en parte, *La travesía* y el *Menipo* de Luciano de Samosata.

Gracián dibujó el infierno y el purgatorio en los espacios del diario vivir, aunque también abrió a la consideración de los lectores el paraíso de los jardines y de las bibliotecas, así como los espacios del valor y de la virtud, identificando el final feliz de los verdaderos héroes, escritores y virtuosos con la Isla de la Inmortalidad. Pero esta no apelaba a lo celeste ni al final glorioso de la *Comedia* dantesca, ya que la desaparición de Felisinda negaba la posibilidad de una nueva Beatrice.

Según Gracián, la inmortalidad se consigue en la tierra gracias a la virtud y al valor de quienes se libran del olvido por sus obras y por sus escritos. El único remedio contra la muerte consiste en eternizarse por los méritos, aunque estos no suelan reconocerse en vida, como les ocurrió a Tiziano, a Miguel Ángel, a Góngora o a Quevedo. Así lo expresa el Peregrino Inmortal:

> Eternízanse los grandes nombres en la memoria de los venideros, mas los comunes yacen sepultados en el desprecio de los presentes y en el poco reparo de los que vendrán.

La frase "Ninguno parece hasta que desaparece. No son aplaudidos hasta que idos" ha resultado, en parte, una profecía para el propio Gracián, que dejó el destino del Peregrino Inmortal a merced de una página en blanco al final de *El Criticón,* que sus lectores, imitadores y críticos han seguido escribiendo a lo largo de los siglos, salvándole del silencio y del olvido.

8. FILOSOFAR: ÚLTIMA FELICIDAD

Aunque haya sido fundamental la alta valoración que Schopenhauer hizo de Gracián la que lo encumbró como filósofo, hubo otra anteriores, que conviene tener en cuenta, como el curso que Christian Thomasius dio en 1672 sobre Gracián, cara a la posterior recepción en Alemania de la obra del jesuita aragonés. Ese trayecto, analizado por Drietrich Briesemeister, ofrece numerosos datos sobre las ediciones de su obra en ese país, incluida la traducción latina *Balthas. Gracianis, Hispan. Aulicus sive De prudentia civili et maxime aulica liber singularis* (Frankfurt, 1732).

El siglo de las Luces, como ya indicamos, fue sin duda severo con el jesuita aragonés en lo relativo a una elocución que distaba leguas de la neoclásica, pero salvó sus obras por sus conceptos filosóficos, como fue, entre otros, el caso de Gregorio Mayans y Siscar, quien, a despecho de prejuicios estilísticos, supo valorar el contenido de sus escritos. Pero, en ese ámbito neoclásico, no se suele tener en cuenta la opinión expresada por uno de los jesuitas expulsos que mejor entendió el alcance filosófico del belmontino. Nos referimos al ya mencionado abate Juan Andrés, que, en *Dell´origine, progressi e stato attuale d´ogni letteratura* (Palermo, 1782-1798), supo situar a Gracián en la estela marcada por Descartes, Hobbes, Grotio, La Bruyère y La Rochefoucauld. Sus palabras fueron contundentes al respecto.

> Así lo hizo Gracián, que no solo colmó de Filosofía moral su celebradísimo *Criticón,* sino que en *El Discreto*, en *El Héroe* y en otros tratados morales se manifestó sutil observador, conocedor profundo del hombre, agudo pensador y filósofo sabio.

El abate Andrés, pionero en la historiografía literaria a la hora de aquilatar la herencia árabe en los orígenes de la lírica española, mostró la influencia que Gracián había ejercido en la Europa de su siglo, particularmente en Francia, de donde emanarían, por cierto, las traducciones de sus obras a otras lenguas. El asunto cobra un interés singular, pues, aunque este jesuita no viera con buenos ojos el estilo intrincado del autor de *El Criticón*, como lo hicieran otros coetáneos del Siglo de las Luces, alabó la riqueza de sus conceptos y la universalidad de su obra. Según él:

> Montaigne, Charron y Gracián excitaron el ingenio de muchos franceses al tratar de moralidad y el gusto del lenguaje y de estilo, y también de una más severa Filosofía, que entonces se introdujo en Francia, les hizo pensar y escribir más justamente.

El largo peregrinaje, vital y literario, de Baltasar Gracián discurrió siempre bajo la enseña de "la inestimable prenda de la sabiduría", como él la califica en la segunda parte de *El Criticón*, sin olvidar que la virtud, "es alma de la alma, vida de la vida y centro de la felicidad". No es por ello extraño que, entre las alegorías femeninas más buscadas y veneradas en el transcurso de la obra, como es el caso de Artemia y Honoria, el jesuita aragonés encaminara a sus peregrinos hacia los palacios de Virtelia y de Sofisbella.

Al triunfo de la filosofía moral en la literatura del Siglo de Oro contribuiría, sin duda, la enseñanza humanística, que la insertó, como vimos, en el marco de los *Studia Humanitatis*. En ese contexto, se enclavó también la de los jesuitas del Colegio Imperial y de otros centros de Europa, América y Asia, lo que contribuiría a que Gracián sustentase a nueva luz, en ella, la susodicha agudeza de pensamiento, palabra y acción.

La palabra *filosofía* estuvo presente ya en el autógrafo que conservamos de *El Héroe*, "un libro enano" con el que Gracián quiso hacer "un varón gigante", como dice en el prólogo, donde aportó las claves de su lectura: "Formáronle prudente Séneca, sagaz Esopo, belicoso Homero, Aristóteles político y cortesano el Conde". Tales maestros, según vimos, le sirvieron para bosquejar un espejo, gracias al cual el lector podía tener una singular razón de Estado de sí mismo, con unas pocas reglas de discreción. La cita confirmaba también algo fundamental para entender esta y otras obras de un jesuita, que basó la invención en la mixtura de géneros y estilos, y sobre todo de las disciplinas humanísticas, con afán de totalidad y universalidad. Consciente, en esa obra, de que hasta el sol de muchos filósofos decae con el tiempo, pues la fama y el aplauso envejecen y caducan, él se basó en el ejercicio senequista de la imitación compuesta, tratando de quintaesenciar lo mejor de los clásicos, sin olvidar, en el cuerpo del texto, la grandeza de algunas virtudes morales, al hablar de san Agustín, a quien consideró "sol de los ingenios".

En el tercer primor de esa obra, donde trató de las grandes prendas que componen la máquina de un héroe, alude al entendimiento, al "fondo de juicio" y a la elevación del ingenio, entendiendo que tales partes forman un prodigio y que la filosofía se sirve de dos potencias "al acordarse y al entender", tanto de la memoria como del entendimiento. No se olvidó sin embargo de aludir a la poesía, un género en el que todos imitaban a Homero, Virgilio y Horacio, aunque muchos no acabasen de entender la *Epístola a los Pisones* de este último.

El Héroe de Baltasar Gracián partía de esas y otras fuentes desde una perspectiva poliédrica en la que lo universal de la poesía y de la filosofía unía a ambas, junto a la política de raigambre aristotélica y a tratados como *El Cortesano* (Venecia, Aldo Manuzio, 1528) de su homónimo Baltasar de Castiglione, conde de Novellata. Este había cifrado en el ingenio y en las sutilezas de la *sprezzatura* el ideal perfecto de una cortesanía sin afectación en lo personal y en lo social, cimentada en la unión de armas y letras, que el jesuita conservaría hasta las últimas páginas de *El Criticón*.

Lo cierto es que esa obra, traducida magistralmente por Juan Boscán, al igual que *La civil conversazione* de Stefano Guazzo y la de Giovanni della Casa, *Il Galateo overo de´costumi,* serían fundamentales a la hora de entender los tratados gracianos como obras de un género que la crítica ha aquilatado bajo el término francés de "savoir-vivre". No obstante, fue el propio Gracián quien lo expresó a su modo con anterioridad en el *Oráculo manual y arte de prudencia,* que ofreció al lector como "epítome de aciertos del vivir". Pero él no se conformó en la segunda crisi de la segunda parte de *El Criticón* con el seguimiento de una "cartilla del arte de ser personas", un brinquiño de oro que hacía grandes hombres como *El Galateo,* sino que lo volvió del revés, al igual que hizo con otros mitos, tópicos y géneros, habida cuenta de los cambios que el tiempo impone a las costumbres.

Ese nuevo arte prudencial recogería también la huella de las *Moralia* de Plutarco, quien aplicó, en *Isis y Osiris,* el método alegórico, tan fructífero posteriormente en *El Criticón.* A su vez, cabría tener en cuenta cómo la influencia de los *Diálogos píticos,* que supusieron una introducción a la temática délfica de los oráculos, según Francisca Pordomingo y Antonio Fernández en su edición de las *Obras morales y de costumbres* VI (Madrid, Gredos, 1995). A ese respecto, la mántica dialogal de Plutarco no deja de ofrecer un puente entre el *Oráculo* y *El Criticón* gracianos.

En ese contexto, deberíamos tener en cuenta el diálogo *La E de Delfos,* donde Antonio, el filósofo platónico amigo de Plutarco habla sobre Apolo, incitador de la indagación filosófica y de la sabiduría. Y lo hace desde una simbología numérica y platónica, contrastada con la de otros interlocutores, como la del indagador Pitio, atento a los significados ocultos y a las inscripciones grabadas en los templos, caso del "Conócete a ti mismo" o del "Nada en demasía" atribuido a los Siete Sabios, tan cultivados posteriormente por el jesuita aragonés. Respecto a "Los oráculos de la Pitia", Plutarco siguió la técnica platónica dialogal en un escenario cambiante que propiciaba la diégesis erudita y los comentarios al pie de cada monumento, como vemos sucede en buena parte con la última obra graciana. El hecho de que aparezcan dos guías hace más interesante la comparación, pues los diálogos de Plutarco se cruzan con la aparición de otros personajes que ayudan al contraste de opiniones, relatos sobre prodigios y referencias a numerosos temas.

Por último, en *La desaparición de los oráculos,* Plutarco planteó el encuentro entre Demetrio y Cleómbroto, dos personajes llegados de lugares tan opuestos como Inglaterra y Lacedemonia, que discurren sobre la naturaleza de los demones, la adivinación y la crisis de los oráculos antiguos, mostrando lo que cada uno ha aprendido a través de su viaje.

Pero lo más relevante tal vez sea comprobar cómo el arte adivinatorio oracular está íntimamente ligado, en *La E de Delfos*, a la prudencia, habida cuenta de la conexión que esta muestra entre pasado, presente y futuro. De tal modo es así, que Plutarco afirma que "aquel que sabe ligar entre sí y enlazar de acuerdo con las leyes de la naturaleza las causas en un todo, conoce y predice *lo que es, lo que será y lo que ha sido*". Ese verso homérico se conforma como "el tricípite de la verdad", ya señalado en el juego prudencial de los tiempos, tan fundamental en el transcurso de la peregrinación de Andrenio y Critilo. Esta no solo está plagada de aforismos oraculares, sino que es, en esencia, el desarrollo vital de la prudencia en una combinación entre narración y diálogo, presente ya en la que Plutarco aplicó a la filosofía de *La E de Delfos*.

El *Oráculo*, quintaesencia de la prudencia, iba precedido por un prólogo donde su autor, además de encarecer el genio, el ingenio, el saber y el valor, mostraba que estos debían ir unidos, pues "sin valor es estéril la sabiduría". Todo ello se probaría en *El Criticón*, que desarrollaría plenamente el aforismo 77 del *Arte de prudencia*, "Cultura y aliño", donde se apuntaba: "Nace bárbaro el hombre. Redímese de bestia cultivándose".

A su vez, los aforismos 93, 122, 133 y 203 anticiparían otros paralelismos con la futura alegoría graciana, al hablar del hombre universal como suma de lo natural, el arte y la cultura, o al tratar del señorío en el decir y en el hacer, o del pensar anticipado, pues, para el jesuita, "Dichos y hechos hacen un varón consumado". Pero sería el aforismo 229 del *Oráculo* el que sintetizaría, por una parte, el último realce de *El Discreto*, al trazar las etapas divisorias de la vida y la necesidad de los saberes:

> Saber repartir su vida a lo discreto, no como vienen las ocasiones, sino por providencia y delecto. Es penosa sin descanso, como jornada sin mesones. Házela dichosa la variedad erudita.

Mientras que las palabras siguientes del *Oráculo* recogerían la esencia de cuanto supondría *El Criticón* al repartir el bello vivir en tres jornadas y señalar que "Nacemos para saber y sabernos, y los libros con fidelidad nos hacen personas".

Por otro lado, cabe hacer hincapié en la referencia a las fábulas esópicas, cuya traducción, basada en el texto latino de Lorenzo Valla, se publicó, junto a preciosos grabados, en el incunable de 1489, salido de la imprenta zaragozana de Pablo Hurus y Juan Planck como *Isopete historiado,* y más tarde con la edición de 1575, que Pedro Simón Abril publicó también en Zaragoza. La obra tuvo numerosas ediciones en Burgos, Valencia, Sevilla, Amberes, Medina del Campo, Alcalá o Madrid, que favorecieron su divulgación al igual que en el resto de Europa.

Esa tradición formaría parte de la filosofía graciana, particularmente en *El Discreto* y en *El Criticón,* no solo por el uso del diálogo, sino de la moralidad y la crítica social, inherentes a la tradición del apólogo. Y no hay que desestimar el hecho de que las ediciones de Esopo destacaran en los márgenes de las páginas impresas los proverbios, como ocurre con las cartelas de las dos primeras partes de esa última obra graciana, o que los títulos apologales se dispusieran al principio de cada fábula, al igual que en el *Oráculo.*

Lo cierto es que la obra del jesuita aragonés no puede entenderse sin la impronta de la filosofía moral que acarreaba la fabulística griega y latina rescatada por el Humanismo y adaptada en obras fundamentales que hoy calificaríamos de literarias. La literatura sapiencial sería, en este sentido, decisiva, y de ella partió Gracián al incorporarla abiertamente en *El Discreto* y en *El Criticón,* aparte de ensalzarla y ejemplificarla en la *Agudeza.* Y no me refiero únicamente al uso del apólogo, sino del diálogo, como prueba su afinidad con *El Conde Lucanor* de don Juan Manuel o con la obra del judío oscense Pedro Alfonso, cuya *Disciplina clericalis* había mostrado con anterioridad la interlocución entre padre e hijo, al igual que ocurriera siglos atrás en *Barlaam y Josafat.*

Gracián no solo rescató, al igual que Lope o Calderón en los autos sacramentales, un género medieval como la alegoría, sino la tradición didáctica que ofrecían los diálogos entre padre e hijo, maestro y discípulo en la tradición apologal. También coincidiría respecto a la pauta educativa entre maestro y discípulo con su homónimo Graciano, conocido por su obra magna de las *Decretales*, pero sobre todo con los libros de sabiduría oriental como el *Sendebar*, cuyas secuelas nutrieron la mencionada obra de Ibn Tufail, *El filósofo autodidacto*, tan cercana a *El Criticón*, sobre todo en la aludida versión que hiciera Fregoso Fileremo en *De l´instinto* naturale.

El Discreto rubricó bajo el apólogo el realce XIII, "Hombre de ostentación", y como fábula el XXIII, "Arte para ser dichoso". En el primero, que merecería las alabanzas de Schopenhauer, Gracián se alejó de Esopo, proponiendo incluso, al final, que su apólogo se añadiera a los del autor clásico, ya que se revestía de una elocuencia nueva, descuidada y afecta al disimulo prudente. Ello equivalía a promover un arte de la ostentación alejado de los despliegues del pavón, que Fedro había ofrecido en sus *Fábulas*. El fundamento del apólogo graciano se basaba en el uso de un sabio disimulo y un modo de actuar discreto y sin hinchazón, propios de la mencionada *sprezzatura* cortesana. Con ello, el jesuita se alejaba de los peligros de la vulgar ostentación, así como de la vanidad y de las apariencias, promoviendo el discreto recato.

Pero, en relación con la búsqueda filosófica de la verdad, el mencionado realce XXIII de *El Discreto* ofreció, bajo el género de la fábula, un "Arte para ser dichoso", que, como ocurrió en otras obras de Gracián, equivalía al sentido aristotélico de reglas (*ars est quae dat praecepta*), semejante al que Lope de Vega le había dado en su *Arte nuevo de hacer comedias*. El jesuita, en esta ocasión, volvió a crear una fábula de cuño propio relacionada, además, con los avatares de la fortuna. La búsqueda de la dicha, que en el *Oráculo* 28 se mostraría tarea imposible para el sabio si no venía de la mano de la prudencia, se anunciaba así bajo el influjo de Plutarco, quien identificó el logro filosófico de la felicidad con el ejercicio de la virtud.

El Discreto presupuso que la felicidad es un arte alcanzable a través del ejercicio de la virtud y del valor, como probaría más tarde *El Criticón*. En este caso, el apólogo mostraba que "no hay más dicha ni más desdicha que prudencia o imprudencia", como también predicaría el *Oráculo* 21, siguiendo el dictado de Juvenal y particularmente el de Séneca. De este último había recogido precisamente, en la *Agudeza,* la cita: "No hay fortuna, sino prudencia o imprudencia". Al identificar Gracián el camino de la felicidad con el de la sabiduría y el de la virtud, siguiendo a Horacio y a Cicerón, la fábula de *El Discreto* ofrecía los visajes de la diosa Fortuna aconsejando ser despierto como el león, prudente como el elefante, astuto como la vulpeja y cauto como el lobo.

Trasfondo retórico y poético de la filosofía moral

El jesuita aragonés se alimentó, a la hora de escribir *El Discreto* y *El Criticón,* de polianteas y florestas, como las de Mirabelio, Santa Cruz, Arguijo, Zapata y Pedro Mexía con su *Silva de varia lección.* Pero también de la filosofía inherente a la tradición oral de los chistes, refranes, dichos, facecias y cuentos, como ya señaló Maxime Chevalier. De ahí que sus obras no solo dependan de la filosofía de Séneca y de otros muchos autores clásicos, sino de la filosofía vulgar recopilada y comentada por Blasco de Garay, Pedro Vallés, el Comendador Griego, Juan Rufo, Lorenzo Palmireno o Juan de Mal Lara, entre otros ejemplos del Humanismo. Sin olvidar la contenida en el género de los emblemas inaugurado por Alciato o en las facecias de Poggio Bracciolini, Guicciardini, Botero o Doni. No en vano fue guía del jesuita el principio de la agradable variedad, pues, según señaló en el *Arte de ingenio,* una misma verdad puede vestirse de muchas maneras, ya se trate de la gravedad épica, la ingeniosa metamorfosis o el entretenido diálogo:

> Que a un mismo blanco de la filosófica verdad tiran todos los sabios, aunque por diferentes rumbos: Homero en sus epopeyas, Esopo con sus fábulas, Séneca con sus sentencias, Ovidio con sus *Metamorfosis,* Juvenal con sus sátiras, Pitágoras con sus enigmas, Luciano con sus diálogos y Alciato con sus emblemas.

Por otro lado, como señaló Miguel Batllori, conviene situar *El político don Fernando el Católico* dentro de los cauces ya señalados de la filosofía política surgida en el Renacimiento y consolidada tanto por los seguidores de Maquiavelo como por sus detractores, incluida la practicada por los autores de la Compañía de Jesús. Sin embargo, esa obra, tan llena de filosofía moral, hizo también referencia al uso gramaticalizado del término, cuando, tras hablar de la prosapia de los reyes de Aragón en la que incardinaba al rey católico, Gracián se refirió, no sin cierta ironía, a las marcas heredadas:

> Ayuda mucho para conseguir la celebridad esto de las familias. Secreta filosofía, manifiesto electo de la Soberana Providencia, más favorable o unas que no a otras. Parece que se heredan, así como las propiedades naturales, los privilegios o achaques de la naturaleza y la fortuna.

Pero será sin duda *El Discreto* la obra que marcaría la pauta de los usos explícitos de la filosofía moral inherente a los apólogos. Esa obra ofrecía sin duda un camino de sabiduría, que debía comenzar por el conocimiento de uno mismo, pues, según dice el séptimo realce, "el primer paso del saber es saberse". De ahí que su autor abogara por una sabiduría variada y universal, marcada por las teorías de Poliziano en el realce XXV.

Aunque la Compañía de Jesús subordinara la estética a la moral desde una perspectiva claramente religiosa, Gracián consideró que ambas eran indivisibles y se alejó de la sujeción de los saberes a la teología. La verdad y la belleza fueron los dos pilares que sustentaron sus obras, uniendo moral y estética en un estilo de vida acorde con el pensamiento y con las palabras, pues, a su juicio, la discreción era un modo de escribir, una forma de pensar y un arte de vivir.

El camino de la sabiduría, que conducía a la felicidad, conllevaba además el ejercicio de la virtud de la prudencia, tal y como López Pinciano lo había trazado en su *Philosophía Antigua Poética*, donde partió de Aristóteles, cuando dijo que es feliz el que puede conocer y penetrar la causa de las cosas. De ahí que el realce XXIII de *El Discreto,* titulado "Arte para ser dichoso", partiera de que "No hay más dicha ni más desdicha que prudencia o imprudencia".

Gracián cimentó la hechura del hombre basándose en la idea senequista de la brevedad de la vida. Esta se había de desarrollar a lo práctico y experimentado cada día, haciéndose uno a sí mismo, pues el arte de vivir es una larga tarea que termina con la muerte. *El Discreto* perfiló la idea de un hombre universal, y así lo plasmaron los títulos de la obra en las traducciones al italiano y al francés. Asunto, este, que condicionó, en buena parte, la historia de la recepción de las obras del jesuita aragonés, al que Schopenhauer consideró "filósofo de la vida humana".

No obstante, los realces de la discreción especificarían la función concreta de la filosofía en "El hombre de todas horas", donde Gracián ensalzó además el saber gozar de las cosas y gustar de los jardines, las antigüedades y la erudición, así como de la "plausible historia, mayor que toda la filosofía de los cuerdos". Pero él no se decantó, en realidad, por ninguna disciplina en concreto, sino que abogó por "una perfecta universalidad" que lo abarcara todo. En el diálogo entre Andrés de Uztarroz y el propio autor de *El Discreto*, este aludió además a una futura "filosofía del Varón atento"; una obra que no llegó a publicar, pero cuyo contenido insertó seguramente en el *Oráculo* y en *El Criticón*, donde desarrollaría plenamente las posibilidades atesoradas por la sabiduría conversable.

El Discreto, cuyo último realce sería epítome anticipado de su última obra, como ya hemos visto, contiene una clara definición del recorrido vital en tres estaciones, divididas por la lectura, los viajes, la experiencia y el aprendizaje para saber recorrer después el último tramo del camino. La primera estación debe ocuparse en devorar libros "pasto del alma" y "delicia del espíritu", incidiendo en la gran felicidad que supone "topar con los selectos en cada materia". El proceso de aprendizaje se va así graduando de forma ascendente, empezando por la plausible historia, seguida de la poesía ("no tanto para usarla como para gozarla"), al abrigo del profundo Horacio y del agudo Marcial.

Gracián se refiere después a las buenas letras, englobadas en la erudición, para continuar con la filosofía natural, ocupada en la causa de las cosas, la composición del universo, el artificioso ser del hombre y el estudio de los animales, las plantas y los minerales. Después vendrá el estudio de la filosofía moral, que considera "pasto de muy hombres, para dar vida a la prudencia y estudiada en los sabios y filósofos que nos la inculcaron en sentencias, apotegmas, emblemas y apólogos".

El jesuita considera además el bagaje moral inherente a los distintos géneros apotegmáticos y a la cuentística, anteponiéndolos incluso a la tradición clásica, que menciona en estos términos al aquilatar las enseñanzas que debe recibir el verdadero discreto:

> Gran discípulo de Séneca que pudiera ser Lucilio, apasionado de Platón, como divino, y de los siete de la fama, de Epicteto y de Plutarco, no despreciando al útil y donoso Esopo.

Gracián alude luego al estudio de la cosmografía, la astrología y finalmente al de la Sagrada Escritura. En tan nutrido y largo recorrido sapiencial, el discreto consigue una "noticiosa universalidad" claramente conectada como un modo de ser y de vivir lleno de virtudes:

> De suerte que la filosofía moral le hizo prudente, la natural sabio, la historia avisado, la poesía ingenioso, la retórica elocuente, la humanidad discreto, la cosmografía noticioso, la sagrada lección pío y todo él en todo género de buenas letras, consumado.

Sin entrar en el conocimiento posterior que suponen los viajes, el trato con los otros y la experimentación, la obra termina afirmando que "Es corona de la discreción el filosofar, sacando de todo como solícita abeja la miel del gustoso provecho o la cera para la luz del desengaño". De este modo, el conocido principio horaciano de aprovechar deleitando, tantas veces glosado en la literatura áurea, se decantaba por una doble y paradójica utilidad, tan gustosa como amarga.

El Discreto rubricaría finalmente todos sus realces con la afirmación de que la filosofía no es otra que meditación para la muerte, lo que anunciaba un arte de bien morir, que Gracián nunca llegó a publicar como tal, salvo en *El Comulgatorio*, donde, en su meditación última, se detuvo en la comunión por viático a las puertas de la muerte; Y sobre todo al final de *El Criticón*, aunque desde una perspectiva distinta, más a lo profano. *El Discreto* no estaba todavía teñido de la amargura y el pesimismo de su última obra, aparte de que incorporara una gozosa y lapidaria cláusula: "Última felicidad, el filosofar".

Gracián desarrolló, en la teoría y en la práctica de sus tratados y de su novela alegórica, una retórica de la filosofía y una filosofía de la retórica, que plasmó puntualmente en *Arte de ingenio* y en *Agudeza y arte de ingenio*. En ellas, expuso el fundamento de la verdad disfrazada con el ropaje de la alegoría, y aludió además a la fusión de los predicados de la virtud contenidos en el *Guzmán de Alfarache* de Mateo Alemán con la épica de la *Eneida* y la tradición bizantina del *Teágenes y Cariclea* de Heliodoro.

El Criticón supondría, además de la suma de diversos géneros, una clara mezcla de naturaleza, arte y moralidad, patente en el prólogo del autor a la primera parte, donde las sales del ingenio y de la agudeza conceptual se ponían al servicio de la filosofía moral. Sus palabras, llenas de cierto distanciamiento respecto a sí mismo y a su anterior *Agudeza,* no dejaban dudas respecto a su voluntad de crear un mixto complejo:

> He procurado juntar lo seco de la filosofía con lo entretenido de la invención, lo picante de la sátira con lo dulce de la épica, por más que el rígido Gracián lo censure juguete de la traza en su más sutil que provechosa *Arte de ingenio.*

El belmontino se alejaba de la metafísica que cultivaron Suárez, Molina y otros jesuitas para insistir en la filosofía moral que emanaba de la *aexercitatio* a la que sometió, la peregrinación vital de Andrenio y Critilo en todas y cada una de sus crisis. En ellas, partió de una praxis, que le llevaría a una teoría conceptual basada en el mencionado tricípite formado por *natura, ars, aexercitatio*, patente en la expresada por Cicerón en *La invención retórica* y en *Sobre el orador*. Este último tratado aludía además a que los hombres erraban como bestias, sometidos a sus pasiones, hasta que un hombre sabio descubrió que podía mejorar gracias a la instrucción, civilizándolos con un discurso grave, lo que no dejaba de ser una síntesis de cuanto ofrecería *El Criticón*.

Un mismo curso vital emprenderían el maestro Critilo (tal vez remedo del *Cratilo* platónico y en consonancia con la etimología de las *crisis* que dividen la obra) y su discípulo Andrenio, fundiendo los principios filosóficos y los retóricos, emanados de Aristóteles, Cicerón, Quintiliano y la *Ad Herennium*, pero también de Pinciano, Huarte de San Juan, Palmireno, Salinas o Suárez. La invención literaria propiamente dicha y la filosófica se darían así la mano una vez más a través de una nueva retórica, pues, como había señalado Cicerón en *Sobre el orador*, la elocuencia y la filosofía debían ir unidas en el *ars dicendi*.

La *Institutio oratoria* de Quintiliano había sustentado la enseñanza humanística en el sustrato filosófico de la retórica. Pero, además, el jesuita conocía el ataque de Lorenzo Valla contra la desconexión de la filosofía con el mundo real, lo que invitaba a la huida de la lógica y de la metafísica aristotélicas y a situar la retórica en las coordinadas de *doctrina, ingenium* y *eloquentia*. Ello suponía, sin embargo, la insuficiencia del ingenio si este no iba acompañado de doctrina, lo que equivalía a buscar siempre un trasfondo moral. Cabe recordar, al respecto, que las *Institutiones oratorias* de Quintiliano apoyaban la unión de filosofía y retórica, que, a su modo, también habían estado presentes en los *dicta et facta memorabilia,* tan fundamentales en los tratados de Gracián.

La ligazón entre retórica, dialéctica, lógica y filosofía moral apareció claramente expresada en las páginas de la *Agudeza*, donde Gracián desarrolló toda una retórica de la filosofía y una filosofía de la retórica a través de un arte conceptual ingenioso, a la sazón inexistente. Si como señaló I. A. Richards, en *The Philosophy of Rhetoric* (Oxford University Press, 1936), la filosofía y la retórica habían aparecido unidas en los autores clásicos, el jesuita trató de atender a un tiempo "lo material de las palabras y lo formal de los pensamientos" en esa y otras obras, siguiendo los pasos marcados por Sánchez de las Brozas en *De arte dicendi,* donde no solo distinguió entre asuntos y palabras, sino entre arte e ingenio.

Gracián se ocupó, en la *Agudeza,* del uso de la retórica y de la dialéctica, así como de la fusión de ambas con la gramática y la filosofía moral, a través de un sinfín de ejemplos emanados de la poesía en prosa y verso, habida cuenta de que esta, como la filosofía, atendían a lo universal. En esa obra, al igual que en el *Oráculo manual y arte de prudencia*, fundió los conceptos filosóficos con la elocución ingeniosa, superando la dicotomía entre lo útil y lo deleitable, que había estado presente desde Horacio.

La citada *Philosophía Antigua Poética* había marcado una pauta a seguir desde el título, tratando de ofrecer una filosofía moral basada en la profundidad de los conceptos. En esa obra, López Pinciano hablaba además del poeta filósofo o *filopoeta*, que sería, en realidad, la figura que, para sí y para los demás, quiso encarnar Gracián en sus obras. Ello conllevaba entender de forma aristotélica el significado de poesía como una disciplina que equivalía a lo que hoy entendemos como literatura, y basada, frente a la verdad de la historia, en el principio de la verosimilitud. Mezclar los conocimientos con las cualidades propias del poeta, que reclamara Horacio, sirvió al jesuita para identificar, como había hecho Pinciano, al filósofo con el poeta a la hora de trascender lo particular para alcanzar así la cima de la auténtica y universal poesía.

López Pinciano había señalado el proceso que va de la palabra formada en el entendimiento y que, según la imagen del concepto, deriva luego en su plasmación verbal. De ahí que su obra fuera una nueva poética, sustentada en la concepción mental de las ideas y en el ulterior modo de expresarlas. El hecho de que tuviera una idea infinita de los conceptos aumentaba sin duda la posibilidad de acumularlos discriminadamente, como el propio Gracián hizo en *Arte* y posteriormente en la más extensa *Agudeza*.

El arte promulgado por Pinciano distaba, no obstante, de la artimaña engañosa y de lo particular, pues se basaba en que la "materia de la poética es el universal", lo que sería decisivo en las obras del jesuita. El hecho de que además elogiara las *Etiópicas* de Heliodoro creemos que sería sustancial para *El Criticón*, heredero singular de la novela griega, aunque su autor diera un giro absoluto respecto a los usos que de ella habían hecho sus seguidores, incluido *El Persiles* cervantino, que Gracián contrahizo a su manera. Y otro tanto podemos decir de la concepción de la poesía como ciencia, que aparecía en la *Philosophía Antigua Poética*, pero que Cervantes ya había definido de igual modo en *La Galatea* (1565), donde discurrió sobre la "sciencia de la poesía".

El Criticón supondría la consolidación vital de tales presupuestos, concibiéndose su primera parte como síntesis de vida y obra, que, a su vez, el título de la segunda calificaría de "juiciosa cortesana filosofía en el otoño de la varonil edad". Ello chocaría sin duda a muchos lectores, incluidos los jesuitas, como demostraron los autores de la mencionada *Crítica de reflección*, quienes, en 1658, criticarían la ausencia de fundamentos religiosos en esa obra graciana. Los maestros críticos y reflexivos de Humanidades, Filosofía, Jurisprudencia y Teología de ese libelo denunciaron precisamente las carencias de Gracián en esas disciplinas y atacaron fieramente su pretensión de ofrecer una filosofía cortesana, que sin embargo estaba carente de lógica y de originalidad, pues había imitado en ella a Barclay y a Boccalini.

El uso de la alegoría no suponía tradicionalmente descartar el sustrato filosófico moral, sino todo lo contrario. Cabe recordar al respecto la interpretación alegórica que de la *Ilíada* y la *Odisea* había hecho Heráclito en sus *Alegorías de Homero*, publicadas por Conrad Gesner en 1542, donde estas aparecían como desarrollo de las virtudes que enseñaban filosóficamente la sabiduría. La interpretación enigmática de lo literal, inherente al género alegórico desde la Edad Media, se basaba no solo en la peregrinación, sino en la batalla interior de vicios y virtudes, lo que hacía más efectiva la historia de Andrenio y Critilo como paradigma moral de la vida del hombre en la tierra, librando una batalla sin descanso entre dignidades y miserias.

Pero la clave de *El Criticón* residió finalmente en interpretar a nueva luz el concepto de felicidad que Aristóteles había plasmado en la *Ética a Nicomaco*, pues Gracián mostró su inefectividad, si esta se identificaba con el final feliz de las historias amorosas, propio de las novelas sentimentales, caballerescas, pastoriles, bizantinas o cortesanas, que nutrieron la literatura de su época. De esa obra clásica, tomó sin embargo muchos otros conceptos, incluidos el arte de elegir y la excelencia de la amistad.

Por otro lado, la novela picaresca surgida con el *Lazarillo* abrió un camino nuevo permeable a la crítica y a la sátira, que aprovecharía a su modo Gracián en su obra magna, mostrando la cara oscura y viciosa de la existencia. Pero, frente al mundo sórdido propiciado por la atalaya del *Guzmán de Alfarache* y sus descendientes o la unión amorosa de Periandro y Auristela en el *Persiles* cervantino, Gracián trazó un camino educativo entre maestro y discípulo, que tendría como finalidad última la consecución de la inmortalidad.

Claro que, antes del hallazgo de ese fin póstumo, *El Criticón* demostró en sus crisis que la verdadera felicidad residía, como el jesuita ya había dicho en sus tratados, en la filosofía misma, aunque esta supusiera entender un mundo lleno de monstruosidades donde la mezcla tragicómica mostraba las dos caras de la vida del hombre en la tierra desde una perspectiva tan juiciosa y crítica como satírica.

Frente a la búsqueda de lo eterno, que Juan Eusebio Nieremberg formulara en su *Humana y oculta filosofía*, Gracián se quedó, de tejas abajo, en el desarrollo vital de una filosofía natural y moral, aunque ello no supusiera salirse de la ortodoxia. Esa segunda parte de *El Criticón* incidiría además en el elogio de Platón, Séneca, Demócrito, Epicuro, Plutarco y Epitecto como un frente común filosófico contra los libros de caballerías, que Cervantes había querido desterrar y a la vez recrear con anterioridad al jesuita de un modo muy distinto.

A su vez, el género de las visiones, resucitado, entre otros, por Quevedo y por las academias literarias del siglo XVII, incluidas las aragonesas, hizo que Gracián retomara el esquema de la *visio,* que Cicerón expuso en el *Somnium Scipionis* comentado más tarde por Macrobio. Y otro tanto ocurrió con los *Sueños* de Luciano, tan presentes en la obra graciana con su mordiente satírica.

El gusto humanístico por la oniromancia se consolidó, según señaló Elisa Ruiz en su edición de Artemidoro, *La interpretación de los sueños* (Madrid. Gredos, 1989), gracias a la publicación de esa obra por Aldo Manucio en 1518. El *Onirocrítico* ofrecía además una enseñanza entre padre e hijo sobre el mundo de los sueños, largamente analizado desde los clásicos como Aristóteles. Homero había dispuesto además dos puertas del sueño muy diferentes, la de la verdad y la de la mentira, que serían capitales en Cervantes y en la literatura onírica del Siglo de Oro. Esta desarrolló el valor premonitorio y profético de los sueños, ensueños y visiones, que irían envueltos en una fuerte carga satírica, de raíz lucianesca, basada en las analogías y símbolos que estos establecen con nuestros deseos. Así lo señaló Petronio Árbitro y lo refrendó Quevedo, al recoger el dicho común: "soñaba el ciego que veía y soñaba lo que quería".

Pero a despecho de las visiones y sueños y otros géneros ya mencionados que Gracián integró *El Criticón*, este conformó una alabanza total al conjunto de los saberes que habían constituido tradicionalmente el *trívium* y el *quadrivium*, agrandados por las nuevas disciplinas y ciencias surgidas en el Renacimiento. Desde la cueva platónica, remedada por la que encerró entre tinieblas el conocimiento de Andrenio, el libro supondría una ascensión hacia la luz, marcada por el saber y saberse, que, a despecho de los descensos viciosos, este hizo junto a su maestro Critilo a lo largo de toda la obra.

ENTRE PRODIGIOS Y ENGAÑOS

La primera parte de *El Criticón* generará los primeros pinos del curso y del discurso en el camino de la sabiduría. Estos conllevarán toda una reflexión sobre las maravillas del gran teatro del mundo y de la hermosa y variada naturaleza, que irían unidas a una filosofía natural marcada por la mano de la providencia divina, que la llenó de dignidad. El despeñadero de la vida remitirá sin embargo a las enseñanzas de Critilo sobre la fiereza humana, emanadas de la narración de su propia historia, y sobre todo de las que administra a Andrenio, abriendo su conocimiento a distintas lenguas y disciplinas, pero sobre todo a la filosofía moral, que sería esencial para llegar a ser persona.

Ese aprendizaje por parte del salvaje que, poco a poco, va embebiéndose de la sabiduría de su maestro, se alcanza a través de una enseñanza oral, pero también vital que emana, en "La fuente de los engaños", de la visión de un mundo laberíntico, donde reinan la hipocresía, el artificio, la ostentación y el ladronicio. A ese espacio de desengaños, simbolizado por Falimundo, seguirá, en la crisi octava, el palacio de la prodigiosa Artemia, donde Critilo y Andreno recibirán a cambio sustanciosas lecciones morales relacionadas con la anatomía humana.

A su vez, el alegórico choque entre Artemia y el vulgo mostrará a las claras la instituida perversión de los vicios, que los protagonistas verán encarnados en su visión de la corte, donde Gracián expondrá el engaño que subyacía bajo los encantos de una nueva Circe como Falsirena. La última crisi cerrará esa primera parte bajo la imagen de un mundo vicioso convertido en feria, con el que termina la primavera vital, llena tanto de saberes como de vicios y peligros.

La segunda parte mostraría, a su vez, el valor simbólico de la vida del hombre a través de sus distintas etapas desde una nueva perspectiva filosófica, natural y moral, que recordaba el anterior peregrinaje juvenil de Andrenio, tan lleno de dificultades, aunque guiado por la ascensión alcanzada de bestia a hombre, gracias a la sabiduría, la virtud y el valor inculcados por Critilo. Ello se ofrecería más tarde en paralelo con el final de la tercera parte, cerrándose así, en ambos casos, un ouroboros marcado por la enseñanza y por la amistad no exenta de afecto y protección, entre maestro y discípulo, padre e hijo, a lo largo de todas las crisis.

En esa segunda parte, que, como hemos visto, Gracián calificó de filosofía moral en consonancia con su contenido, los peregrinos encontrarán en la espaciosidad de la casa de Salastano los vestigios del Valor, la Honra, la Fama, el Saber, la Fortuna y el Mando, pero también las paradojas de una casa-museo de contenido indiscriminado, donde Gracián pondría en la picota falsedades y mitos opuestos a la verdad histórica. Posteriormente, el Varón Alado, que les conducirá al

Museo del Discreto, encarecerá el gozo de la lectura y de las bibliotecas dentro de un espacio cristalino en el que reinaba el Entendimiento.

Ese Museo, casa de personas, donde se satisfacía el deseo de saber, contenía un largo elogio tras la pregunta retórica: "¿Qué jardín del abril, que Aranjuez del mayo como una librería selecta?" Pero pronto surgiría, de forma antitética, una turba siguiendo a un monstruo identificado con el saber del vulgo, con un sabio de fama y con un supuesto pozo de ciencia, que era sin embargo paradigma de la falsedad y del embeleco.

El cristalino Palacio del Entendimiento, todo luz y claridad, ofrecerá la dulce armonía y la belleza en presencia del Buen Gusto y del Buen Ingenio, dando paso al nicho de la divina Poesía, que inmortalizaba con su música a quienes daban vida a los muertos a través de su canto épico. Esa encarnación poética acarreaba sin embargo un ataque a la literatura que brilla por su forma y por su armonía, pero carece de moralidad. El admirado Góngora, el poeta más nombrado en la *Agudeza*, era así sometido a crítica:

> Si en este culto plectro cordobés hubiera correspondido la moral enseñanza a la heroica composición, los asuntos graves a la cultura de su estilo, la materia a la bizarría del verso, a la sutileza de los conceptos, no digo ya de marfil, pero de un finísimo diamante merecía formarse su concha.

Sin entrar en cuanto heredó esa crisis de los *laudes litterarum* que cada año se hacían a principio de curso en las universidades, incluida la Sertoriana de Huesca o las de Zaragoza y Valencia, lo cierto es que Gracián hizo, en esa segunda parte de *El Criticón,* un elogio de la filosofía natural y moral apoyándose en Epicteto, Esopo, Lucano, Petrarca y Justo Lipsio, sin que faltaran al reclamo Homero, Virgilio, Horacio y otros autores más cercanos a su tiempo, como Maquiavelo, Boccalini y Tesauro, destacando, entre ellos, el plectro conceptuoso de Guarini. La perspectiva del jesuita no dejaba lugar a dudas respecto a su valoración literaria, al desestimar sin embargo a quienes, como Ariosto, habían atendido poco a la moralidad.

Tras aludir a Petrarca no sin reticencias, Gracián apoyó la gravedad de Dante y de Boscán, considerándolos como "plectros graves" y no dudó en referirse al Quevedo satírico, a Camoens y a otros autores como Tasso, a quien consideró un nuevo Virgilio. Pero atacó, sin embargo, la "inmundicia lasciva" de Giambattista Marino, pues la poesía, en su amplio sentido aristotélico de literatura, debía desestimar la imitación de todo aquello que no implicara una auténtica filosofía moral.

La Mansión de la Humanidad construida por Gracián era digna heredera de los palacios erigidos con anterioridad por numerosos autores, que habían plasmado de forma arquitectónica el habitáculo de los saberes al que hemos hecho referencia en el prefacio. El Palacio de la Humanidad o Buenas Letras de la segunda parte de *El Criticón* dará cabida a un catálogo de autores relevantes como Erasmo o el Eborense Andreas Rodrigues da Vega, junto a otros como Rufo, Palmireno, Botero o Guicciardini. Gracián no se olvidó sin embargo de los anticuarios ni de los nichos de paso que contenían las matemáticas, la arquitectura y la pintura. Y, como no podía ser menos, dibujó los espacios ocupados por la Filosofía natural, con tratados relativos a los elementos, los animales y las plantas. Pero será el personaje del Juicio quien conducirá a los peregrinos a la sala profunda de la Filosofía Moral, donde someterá a escrutinio a sus representantes más señeros.

No deja de ser interesante al respecto la transformación que Gracián hace de la tradición alegórica de las Humanidades al convertirlas en plantas, comenzando por unas hojas secas y frías de díctamo, "de más provecho que gusto, pero de verdad más eficaces", que sacó de los huertos de Séneca. A su vez, la filosofía de Epicteto se transformó en el purgativo ruibarbo, que sirve para aliviar el ánimo, y los diálogos de Luciano aparecieron como una sabrosa ensalada, que abría el gusto del lector para poder saborear la prudencia. El jesuita tejió también una guirnalda formada por las hojas de Alciato, aunque a veces estas aparecieran sin su "moralidad ingeniosa", como en realidad había ocurrido en algunas de sus impresiones.

De hojas a hojas, las *Morales* de Plutarco, junto a los apotegmas y sentencias, darían claras señales de las preferencias del autor de *El Criticón*, que tanto las había tenido en cuenta en esa obra y en las anteriores. A la par, este alabará las polianteas y las enciclopedias, así como el *De remediis* de Petrarca y las obras de Justo Lipsio, aunque destacase más de ellas su extensión que su intensión.

Respecto a Quevedo, con el que tantas veces coincidió en la mordiente ideológica y satírica, la valoración del jesuita no dejaba lugar a dudas, pues dijo que sus hojas "son como las del tabaco, de más vicio que provecho, más para reír que para aprovechar". Desde esa perspectiva, comparará las hojas de *La Celestina* y de otras obras con las del perejil, que, "aunque ingeniosas", son groseras y vulgares. El autor de la *Agudeza* consideraba además que no bastaba con el ingenio si faltaba el sentido moral. Y aún fue más allá respecto al modelo de John Barclay, cuyo *Satiricón* comparó con la mostaza, que irrita las narices, aunque guste.

Juan Eusebio Nieremberg había ofrecido ya una *Curiosa y oculta filosofía. Primera y segunda parte de las Maravillas de la Naturaleza* (Madrid, María Fernández, 1629), donde se extendió sobre los efectos extraordinarios de esta, centrándose, como luego haría Gracián en *El Criticón*, en la maravilla mayor del mundo y en la dignidad de la historia natural. El padre Nieremberg, siguiendo a Plinio, consideró que el mundo era un laberinto poético, "que por todas partes se lee, y haze sentido, y dicta su Autor". De ello se derivaba que la ciencia de la naturaleza constituyese un arte regido por reglas y que la disposición del mundo creado por Dios con simetría permitiera una lectura de la que se deducía tanto una aritmética y una geometría, como una naturaleza llena de jeroglíficos y símbolos ocultos.

El libro se extendió además sobre la astucia y el ingenio de los animales, como el perro, el tigre o el elefante, sacando de todo ello conclusiones morales desde una perspectiva claramente religiosa. Las maravillas de la naturaleza reflejaban, a juicio de Nieremberg, no solo una filosofía moral, sino los misterios de la fe, los sacramentos y las verdades de la religión.

En ese contexto, la obra aludía a la "Prolusión a la doctrina de la historia natural" que el propio autor predicó en el Colegio Imperial.

Y no deja de ser interesante la siguiente referencia, en esa *Curiosa y oculta filosofía,* a cómo Lope de Vega, que escuchó la lección de Nieremberg en latín, "la celebra en su libro titulado, *Vega del Parnaso* en la Isagoge a los Estudios Imperiales", incluyendo a continuación estos versos, donde la consideró:

> Una lición gustosa
> De plantas, y animales.
> Donde naturaleza prodigiosa
> Mostró mayor belleza
> Que es bella en variar naturaleza.

Ello ofrece sin duda una relación con el romance de Lope sobre la creación del mundo como obra de arte, que no solo escribió al abrigo de las polianteas, como señalamos en otra ocasión, sino de los presupuestos del padre Nieremberg. Este aludía, además, en su *Curiosa y oculta filosofía,* a las maravillas de la naturaleza, cuyos animales y plantas estaban llenos de filosofía moral. Para él, hasta el aprendizaje de las Artes Liberales por parte de los brutos cabía en ese marco simbólico: "Los elefantes han aprendido Gramática, y a escrivir, y las lenguas Latina, y Griega, y en Barbosa, según lo que Christóbal de Acosta cuenta". Todo estaba en la naturaleza, incluidas las artes mecánicas y la arquitectura, en un mundo creado por Dios, que Nieremberg consideró como el mayor producto del ingenio.

Gracián combinó, en *El Criticón,* la personificación alegórica y el simbolismo arquitectónico de palacios y jardines, emporios del arte y de los saberes, con los de los animales y plantas. Pero además unió a estas la de su degustación, anticipándose así, como había hecho en *El Discreto,* a las teorías neoclásicas del buen gusto. De ahí que alabara los apetitosos *Raguallos* del Boquelino, que estaban llenos de moralidades.

Gracián tuvo además una concepción filosófica de la Historia, como ya hemos señalado. Y, en ese sentido, es interesante su valoración del salón de la Política, a la que situó dentro de los parámetros filosóficos ya mencionados, al considerar que "enseña a saber vivir". Pero, en la sala dedicada a ella, Gracián no se paró en barras y atacó a quienes la utilizaban para el ocio y la comodidad, fabricando coronas o remendándolas y perfeccionándolas, estableciendo una escala que iba de las coronas de oro, plata y cobre, a las hechas de roble, frutas y plantas. Cabe señalar además la enigmática inclusión, en ese catálogo, de *El político don Fernando el Católico*, que consideró era una obra, aunque pequeña, preciosa.

Pero lo más curioso es cómo, en esa ocasión, dio una clave sustancial para entender sus tratados, cuando, a propósito de *El Galateo cortesano* de Lucas Gracián Dantisco y de otros opúsculos semejantes, dijo que estos "pertenecían a la política de cada uno, a la razón especial de ser personas". Ello aclaraba sin duda la deuda de Baltasar Gracián para con esas obras, que le sirvieron a la hora de transformar la épica heroica y la política en heroísmo personal y hasta en la razón de Estado de uno mismo.

No es por ello extraño que hablase positivamente de la *República* de Platón, pese a considerarla "nada a propósito para tiempos de tanta malicia", y que desestimase sin embargo la de Bodino o *El Príncipe* de Maquiavelo, porque estas, aunque de oro, eran de mal arte. De ahí que ensalzara la *Razón de Estado* de Juan Botero, donde este había atacado la política de Maquiavelo. Pero el enfrentamiento más directo de Gracián frente a este y a sus seguidores lo plasmó en la sexta crisi de la primera parte de *El Criticón*, cuando, además de decir que sus falsos aforismos habían dado a beber a los ignorantes, añadió:

> ¿No ves cómo ellos se los tragan pareciéndoles plausibles y verdaderos? Y, bien examinados, no son otro que una confitada inmundicia de vicios y pecados: razones no de estado, sino de establo.

Sin entrar en el catálogo ulterior de quienes publicaban en su tiempo aforismos políticos o arbitrios, no deja de ser curioso sin embargo, que el jesuita aragonés dedicara apenas unas líneas a los libros espirituales, que ubicó en "el sacro inmortal centro del espíritu", como pertenecientes a "la divina política", pero sin citar ninguno.

Ese repaso por las Buenas Letras en *El Criticón* se cerrará con el anuncio de Sofisbella, "idea de beldades, ejemplo de perfecciones", tan discreta y decorosa como grave en el trato, y que, en realidad, personificaba a todas ellas. Pero antes de que esta aparezca, el jesuita describirá, en la crisi V de la segunda parte, el encuentro de Andrenio con la Necedad en la plaza del populacho y corral del vulgo. Ese descenso continuaría en la siguiente crisi, titulada "Cargos y descargos de la Fortuna", donde el jesuita pasó a poner en tela de juicio cierto tipo de sabiduría aparente, dado que la auténtica había volado al cielo con las demás virtudes en la fuga de Astrea. Los libros, sin embargo, aparecerán como guardianes custodios de su existencia.

El Yermo de Hipocrinda rematará a su vez esa visión negativa del mundo, recalando en los vicios conventuales, que contrapondrá luego a cuanto aparece en el palacio de la hermosa Virtelia, a la que definirá, en parangón con la Filosofía, como "gran reina de las felicidades" (II, VII). Esta vive en un monte rodeado de fieras, lo que implicará, una vez más, la doble faz de los espacios antitéticos, pues en ellos viven, por un lado, los hipócritas atados a los vicios, a las artimañas y a la sabiduría aparente, y, por otro, Virtelia. De ese modo, la "barata felicidad del yermo" y la "virtud de balde" reinarán a dos luces en un mundo pervertido, pero que también cuenta con principios morales.

Tras el paso por un anfiteatro lleno de monstruosidades, Virtelia aparecerá encantada dentro de un palacio exento de luminarias y joyas, y lleno de piedras cenicientas y melancólicas, aunque en su interior reinen por doquier las flores de las virtudes. El hecho de que ella simbolice la hermosura perfecta anima a Andrenio y a Critilo a pedir que les lleve al encuentro de Felisinda. Pero esa esperada anagnórisis con la que terminaban tantas obras clásicas y del Siglo de Oro será inefectiva para ambos peregrinos, como también lo sería para el resto de la humanidad a la que ambos representan.

Gracián puso en liza la competencia entre artes y letras, tantas veces debatida, situando ortodoxamente a la Teología de tejas arriba. Pero, de tejas abajo, la batalla entre la filososofía natural y moral no dejaba lugar a dudas sobre sus preferencias:

> Viéndose luego hacer de parte de ambas Filosofías todos los mayores sujetos, los ingeniosos a la banda de la Natural y los juiciosos a de la Moral, señalándose entre todos Platón, eternizando virtudes, y Séneca, sentencias.

Las Buenas Letras representaron, para Gracián, un saber enciclopédico, que le llevaría seguidamente a hablar de la Jurisprudencia, la Medicina, la Poesía ("gustosa y deleitable"), la Astrología y la Política ("primera de las ciencias"). Y no deja de sorprender, como ya hemos dicho, que semejante desfile acabase con el elogio de un libro enano, un arte de ser discreto, a despecho del plático saber que desprendían los libros jurídicos de Justiniano, los aforismos médicos, la Política y la Filosofía. Me refiero a la preeminencia del arte de escribir cartas: un librito de oro como el tratado *De conscribendis epistolis*, publicado por Luis Vives, que indicaba cómo el arte epistolar fue uno de los géneros fundamentales en el Siglo de Oro.

La relación del jesuita aragonés con el filósofo y pedagogo valenciano Luis Vives merecería consideración detenida. Sobre todo, por lo que atañe a la huella que dejó en sus obras la *Introductio ad Sapientiam*, que había traducido al castellano Diego de Astudillo (Amberes, Juan Steelsio, 1551). La mención de ese tratado epistolar no era gratuita, si consideramos el valor pedagógico de un género nacido a la zaga de los clásicos, que gozó de una rica tradición humanística. Erasmo fue sin duda un modelo fundamental, unido a toda una saga de escritores, que lo cultivaron en Italia y en el resto de Europa, pues se trataba de un arte que, además de enseñar los usos retóricos, capacitaba para desarrollar los temas más diversos, desde lo particular a lo general.

Esa incidencia de la epístola en lo íntimo y cercano, pero derivada de lo general y universal, atraería sin duda a Baltasar Gracián, que llevó a ese terreno cuanto había aprendido de la épica, la filosofía y la política en sus tratados. No es por ello extraño que, en *El Criticón*, aparezca la idea de ser rey de uno mismo, que ya había explicado por extenso en el primor IV, titulado "Corazón de rey", de *El Héroe*. En ese y otros sentidos, el jesuita crearía una autonomía ética patente en sus tres primeros tratados, que desarrollaría más tarde hasta aplicarla en su última obra.

EL SUSTENTO SATÍRICO DE LA MORALIDAD

Los ascensos intelectuales y morales de *El Criticón* tendrían sin embargo descensos constantes, como el de la "Jaula de todos", donde proliferan los hombres tenidos por sabios y la habitan locos de todo tipo, incluidos los locos de memoria y los *amantes amentes*, recordados por Plauto y Terencio, entre otros. Ese espacio parece anticipar los caprichos y disparates de Goya, que, como Gracián, conoció el zaragozano Hospital de Nuestra Señora de Gracia, pionero en el tratamiento de la locura como enfermedad y donde se albergaban quienes la padecían; entre ellos, dos que pertenecían a la familia Lucientes. El lugar gozaba de un amplio historial desde el siglo XV y destacaba por el buen tratamiento aplicado a sus pacientes. No deja de ser curioso, a propósito de *El Criticón*, que, en dicho hospital, se ubicara también la imprenta de su nombre, con reconocidos tipógrafos y editores, bien conocidos por el jesuita. Su decadencia en el Siglo de las Luces ofrecería sin duda al pintor de Fuendetodos una perspectiva todavía más amarga que la de los visajes de la locura propiciados por Gracián.

El sueño de la razón, anticipado en el conocido grabado que ilustró los *Sueños* de Quevedo, se plasmó también en *El Criticón*. La jaula graciana parece, en realidad, un anuncio del cuadro la "Casa de los locos" (1794) de Goya, conservado en el Meadows Museum, así como del perteneciente, con igual título, a la Real Academia de Bellas Artes de San Fernando. Sin olvidar los hombres con un candado en la boca, presentes en la crisi VII de la tercera parte, o el posible recuerdo de la Cueva de la nada graciana en el esqueleto de "Los desastres de la guerra", que sale de una tumba portando una cartela donde se lee "Nada".

La sátira menipea, que nutrió la prosa de Quevedo, ofreció en Gracián un contrapunto a la excelsitud ideal de sus tratados, para ofrecer la otra cara del mundo y del hombre en *El Criticón*. Aunque el jesuita subtitulara como sátira, en *El Discreto*, el realce XI "No ser malilla", lo cierto es que sería en su última obra donde desarrollaría con fruición ese mordiente género con nuevos relieves. Y otro tanto ocurrió con el realce XVI, "Contra la figurería", tildado de "Satiricón", o con el XX, "Contra la hazañería".

En ese y otros sentidos, comprobamos hasta qué punto los realces de discreción conformaron un abanico de géneros formado por la crisi, el apólogo, la alegoría, el panegírico y el apólogo, entre otros. El aristocratismo anímico y vital, que Gracián ofrecía, en esos y otros realces, como algo posible para ser alcanzado por el común de los lectores, se transformó más tarde en *El Criticón,* donde la visión complaciente del camino de la virtud y de la sabiduría se vería empañada con la antítesis permanente de los vicios, encarnados en un sinfín de imágenes monstruosas.

La tradición de la *satura* clásica, de índole personal, mostró algunas huellas en *El Político* graciano, pero será la sátira menipea, tan afín a los Argensola, como señaló Lía Schwartz, sobre todo en el caso de Bartolomé Leonardo, la que tiñó prácticamente el tratado graciano sobre la discreción y no pocos aforismos oraculares. Su despliegue en *El Criticón*, junto a la herencia de Marcial, Juvenal y Persio, fue, en todos los sentidos, abrumadora, llenando, crisi a crisi, la anchura viciosa del bivio heraclida, frente a la estrecha vía de la virtud. La peregrinación de Andrenio y Critilo, marcada también por la tradición burlesca, tuvo su mayor recreo en la mencionada sátira menipea, que además había gozado de gran predicamento en obras como el *Guzmán de Alfarache,* tan elogiado en la *Agudeza*.

La presencia de la necedad, la locura, el desengaño, la lujuria, la mentira y toda una serie de vicios y pecados capitales encadenados, que Gracián personificó en la metáfora continuada de su alegoría, ofreció un contrapunto antitético frente a las virtudes cardinales y muchas otras de nuevo cuño, como la honestidad, la fortaleza, la templanza o la sagacidad. El catálogo de vicios se plasmó particularmente en el tratado *De senectute*, que es como Gracián definió, en los preliminares, la tercera parte de *El Criticón*. En ella, mostró los horrores y honores de la última etapa de la vida donde crece la necedad senil. Sobra decir al respecto la huella de esa y otras obras de Cicerón en esa parte, que además dio, como las anteriores, constantes muestras de eclecticismo filosófico. Sobre todo, si tenemos en cuenta otros tratados como el *De finibus*, donde el político y orador romano desarrolló el tema de la búsqueda de la verdad y de la felicidad.

"La Verdad de parto" ofrecería al lector, en la crisi III de la última parte, una amplia alegoría precedida de un apólogo con el que Gracián desarrolló la imagen de la Quimera como personificación de todos los vicios que abundaban en la corte. Y, tras rescatar Critilo a Andrenio de los peligros de la embriaguez, aparecerá la Verdad preñada por el Tiempo, dando signos que parecen augurar los actuales tiempos de la verdad engañosa y de las falsas noticias. Gracián señaló además que todos parecen huir de ella, excepto los locos, los niños y unos pocos hombres y mujeres de entereza, mostrando el amplísimo reino de la mentira, así como la presencia del Odio, monstruoso hijo de la Verdad y antítesis de la hermosura.

Ante un mundo cifrado, el Descifrador mostrará posteriormente a los peregrinos el arte de la contracifra, ofreciendo la visión descarnada de un palacio sin puertas donde reinan la prostitución, el cohecho, el soborno, la avaricia y hasta la invisibilidad de quienes ocultan sus vicios. Frente a todo ello, la luz de la razón, símbolo de la verdad y del desengaño, les ofrecerá un nuevo bivio de tradición emblemática, ya mencionado, donde poder elegir entre la astucia de la serpiente y la simplicidad de las palomas, elegidas, respectivamente, de modo opuesto por Critilo y Andrenio.

La llegada de ambos a la corte del Saber, de la que el jesuita desplegará una amplia visión en la crisi VII, estará guiada por un hombre de sesos que muestra a los peregrinos el camino de la sabiduría, opuesto al reino de la soberbia y de la fatuidad, y que les conduce seguidamente a la Cueva de la nada. A ella irán a parar multitud de personas ociosas y viciosas, pero también obras de historiadores y literatos que, a juicio de Gracián, no merecían consideración alguna.

Pero el capítulo clave, respecto al tema filosófico de la felicidad y al decurso de la narración, será, sin duda, el titulado "Felisinda descubierta", pues ello supone, como hemos visto, un corte de mangas a la sonada anagnórisis de la tradición literaria, así como a la meta buscada por Andrenio y Critilo a lo largo de toda la obra, dado que la que buscaban había muerto. La crisi IX ofrecerá además un amplio abanico sobre las vestiduras del contento, a tenor de la edad y de la condición de las personas. No será por ello extraño, que, en el vaivén vital y conceptual de la obra, los peregrinos visiten, como ya dijimos, una academia italiana, símbolo de la sabiduría, que suplirá las carencias de haber perdido a Felisinda para siempre. En esa crisi, el jesuita, a través del raro varón que guía los pasos de Andrenio y Critilo hacia Roma, recrearía el momento en el que ese nuevo Jano, mitad español y mitad italiano, les apercibe de la inutilidad de haber buscado a una esposa y madre como Felisinda, cuando les dice: "Dudo que la halléis, por lo que dice de Felicidad".

La felicidad a debate

La ficticia e ideal academia italiana, preludio de la sacra Roma, reunirá a autores de diversos géneros y naciones, como Barclayo, Bocccalini, Malvezzi o Serafino Aquilano, entre otros. En ella, Gracián, antes de que la rueda del tiempo lleve a los peregrinos hasta la muerte, "suegra de la vida", y posteriormente a la inmortalidad, planteará un tema sustancial y de ancho recorrido a lo largo de *El Criticón,* como el de la felicidad. Su planteamiento en el cuerpo de la narración no deja lugar a dudas sobre el más acá de la filosofía y el más allá de la fama y de la inmortalidad en la peregrinación vital.

Gracián, que nunca perteneció a academia alguna, recreó en la crisi IX un cenáculo reglado en el que hace de secretario Giambattista Marino, "el Góngora de Italia", planteando como tema de discusión los primeros versos de un soneto entresacado de los epigramas que componían su *Lira* (1614):

> Abre el hombre infeliz, luego que nace,
> antes que al sol, los ojos a la pena.

Marino glosaría ante los académicos su propia obra, discurriendo sobre la inútil búsqueda de la felicidad por parte de los hombres, pues nadie la encuentra, cualquiera que sea su edad o su condición de soldado, mercader o jurisconsulto, y esté casado o soltero. Como era costumbre en las academias italianas y en las españolas, a la zaga de aquellas, la sesión planteará seguidamente una discusión sobre el tema ya iniciado: "disputarse ha en qué consista la felicidad humana".

Por turnos, cada uno de los académicos expondrá su propia perspectiva sobre el asunto, empezando por Barclay, que ahonda en la disparidad de opiniones de un mundo en el que cada uno se burla de los demás, incluidos los filósofos antiguos que cifraron la felicidad tanto en la honra y en la riqueza como en el mando, el saber o la salud. El autor del *Satiricón* se rio además de los encontrados gustos de los filósofos, señalando que "la felicidad de cada uno no consiste en esto ni en aquello, sino en conseguir y gozar cada uno de lo que gusta".

A ello seguirán las reticencias del Birago sobre semejante propuesta, habida cuenta de la mutabilidad y variedad de los gustos a tenor de los tiempos y de las circunstancias, pasando a proponer un punto de vista basado en las carencias y limitaciones humanas. De ahí que concluya diciendo que "la felicidad humana consiste en un agregado de todos los que se llaman bienes: honras, placeres, riquezas, poder, mando, salud, sabiduría, hermosura, gentileza, dicha y amigos con quien quiero gozarlo". Semejante postura será puesta en tela de juicio por Vittorio Siri, que ataca al Birago por su quimérica propuesta, afirmando que la felicidad no reside en tenerlo todo, sino en "tener nada, desear nada y despreciarlo todo", identificándola con la de los discretos y sabios, para concluir finalmente que "la verdadera felicidad no consiste en tenerlo todo, sino en desear nada".

A su vez, Malvezzi situará el planteamiento de Siri en los parámetros de una paradoja melancólica, lo que le lleva a afirmar: "El gusto es vida y la gustosa vida es la verdadera felicidad". Pero ese vivir contento de lo que se tiene no convence al culto Serafino Aquilano, que aludirá al vivir feliz de los necios y a la satisfacción de los simples. Partiendo de Dante, concluirá que solo sabe del bien quien del mal sabe, considerando que es feliz quien primero fue desdichado. No contento el Mascardo con tales planteamientos, ofrecerá, en su turno, una perspectiva que parece salida oracular del propio Baltasar Gracián, al señalar: "no hay desdicha, felicidad o infelicidad, sino prudencia o imprudencia, digo que toda la felicidad humana consiste en tener prudencia e infelicidad el no tenerla".

Seguidamente la opinión de Giovanni Capriota rondará en torno a la imposible felicidad del sabio, que, por su naturaleza melancólica, difícilmente podrá alcanzarla. Y, tras discurrir sobre la diferencia de humores que se dan en países como España o Francia, negará que se pueda buscar la felicidad en el rostro del sabio, mientras que, por el contrario, será fácil encontrar la risa en el del necio. Después, el Mascardo perorará por extenso sobre la felicidad del cielo y la desdicha del infierno, situando la mezcla de ambos en un mundo donde se alternan los males y los contentos, apelando a la conocida sentencia del *Eclesiástes*, sobre el tiempo para reír y el tiempo para llorar.

Como cierre de la discusión, el Cortesano se dirigirá expresamente a Andrenio y a Critilo con una frase concluyente que, en cierto modo, anticipa el desenlace de la obra:

> En vano, ¡oh peregrinos del mundo, pasajeros de la vida!, os cansáis en buscar desde la cuna a la tumba esta vuestra imaginada Felisinda, que el uno llama esposa, el otro madre: ya murió para el mundo y vive para el cielo.

La frustrada búsqueda de la felicidad se transformará más adelante en la de la inmortalidad, que rubrica la obra, según vimos. Pero, para llegar al templo de la fama y a la isla de la Inmortalidad, Andrenio y Critilo, acompañados del Peregrino Inmortal, surcarán las aguas de la Estigia en un batel artístico, auténtico homenaje a los libros de emblemas, empresas y libros que conformaban su hechura. En él, no podía faltar un canto a la pintura de Timantes y Velázquez, ni a los conceptos y moralidades, incluyendo el canto de los cisnes y el salto de los alciones, símbolos respectivos de la poesía y de la historia. Gracián no se olvidó sin embargo del tesoro implicado por el convite de la conversación erudita y discreta entre amigos.

Cuanto sigue, sería ya patrimonio de una inmortalidad lograda gracias a las armas, las letras o el buen gobierno, y sobre todo a la virtud. A su vez, el examen del Mérito no dejará lugar a dudas respecto a cómo el valor y la reputación son los pilares de una inmortalidad, buscada, crisi a crisi, en las páginas de *El Criticón*. La Filosofía había aparecido en ellas vinculada al gran teatro del mundo, donde las luces de la razón se oscurecían en el valle de las fieras. A ello seguiría un amplio catálogo que resumía las tres partes de la obra, donde Andrenio y Critilo habían pasado por una serie de territorios correlativos a cada crisis, que simbolizaban: la atención, el conocimiento, la entereza, la cirunspección, la advertencia, el escarmiento, la cordura, la curiosidad, la generosidad, el saber, la singularidad, la dicha, la solidez, el valor, la virtud, la reputación, el señorío, el juicio, la autoridad, la templanza, la verdad, el desengaño, la cautela, la humildad y, finalmente, la felicidad descubierta, seguida por la constancia y la vida en la muerte a las puertas de la inmortalidad.

El peso conceptual de la obra se sustanciaba en ese epítome, cuyo final debía escribir y descubrir el lector siguiendo el rumbo de la virtud insigne y del valor heroico. Lo que equivalía a decir que la filosófica búsqueda de la felicidad bien entendida había sido un medio y no un fin. La suspensión ariostesca, propia de los géneros literarios del Siglo de Oro, dejaba en blanco, según vimos, un final salvífico que cada uno debía escribir a su manera. El mismo que Gracián había enseñado en sus tratados, para ser héroe, político y hasta rey de uno mismo.

El jesuita aragonés no tuvo en realidad un concepto totalmente aislado de la Filosofía como disciplina independiente,
al igual que no lo tuvo con la Historia, con la Poesía o con el
resto de las que componían las Humanidades o Buenas Letras,
tal y como las entendemos actualmente. Para él, la Filosofía
moral, que tenía sala propia en *El Criticón,* lo abarcaba todo
y estaba presente en todas las demás disciplinas, que destaca-
ban precisamente gracias a ella.

Por encima de la valoración puramente elocutiva y estética,
al abrigo de las ingeniosas agudezas conceptuales, Gracián esti-
maba sobre todo aquellas obras que llevaban implícita una
moralidad. Así lo confirma su elogio de *El conde Lucanor* del
que, según él, más que a su estilo, se ha de atender "a la extre-
mada moralidad y al artificio que enseña".

El Criticón supuso, en ese y otros sentidos, la culminación
de la cultura humanística. Esta iba unida a la concepción del
gran libro del mundo como compendio de filosofía natural y
moral, que, a escala menor, reflejaba el pequeño mundo del
hombre. Gracián identificó la felicidad con la práctica de la virtud en el sentido que le dio Aristóteles a la "eudaimonía" en la
Ética a Nicómaco, pero insertándola en una narración donde
esta se sometía a la prueba de la realidad vivida por los protagonistas. El belmontino se apartó, no obstante, del estagirita al
no incidir en la necesidad de los bienes materiales, aunque
coincidiera con él en la búsqueda de la excelencia.

La búsqueda filosófica de la felicidad se planteó en la obra
graciana a través de la búsqueda de Felisinda, esposa y madre
de Critilo y Andrenio a la que nunca encontrarían. Ello fue sin
duda un contrapunto a la sabia Felicia, cuyo palacio había dibujado ya en *La Diana* Jorge de Montemayor y a todas las Felicias,
Felisalbas y Felismenas, que llenaron las obras de Gil Polo, Cervantes y tantos otros autores del Siglo de Oro. Por no hablar de
otros nombres afines, como los de Filis, Ana Félix, o Felizflora,
presentes en la poesía y en la prosa de su tiempo.

Todas ellas fueron sustituidas por Artemia, Virtelia y Honoria,
pero sobre todo por Sofisbella, encarnación de la cultura y de

la sabiduría en su más amplio sentido. Desde esa perspectiva. las palabras de Cicerón en *Del supremo bien*: "Toda la importancia de la filosofía consiste, como dice Teofrasto, en alcanzar la felicidad", se transformaron en el logro de la inmortalidad.

De ese modo, *El Criticón* abrió el camino a la consecución de otro tipo de felicidad, gracias a la Filosofía y al conjunto de las Humanidades. Estas le sirvieron sin duda a Gracián para trazar, con libertad de ingenio, una visión moral del mundo y de la vida, aplicada a las crisis vividas por Andrenio y Critilo durante su larga y procelosa peregrinación. Esta ofreció no solo una síntesis de las disciplinas humanísticas y de los géneros literarios más diversos, sino una obra universal, que, más allá de su tiempo, lo somete todo a la prueba de la realidad vivida por los lectores.

REFERENCIAS CRÍTICAS

El estado de la cuestión sobre los estudios gracianos, al margen de las aludidas valoraciones paradójicas de los autores neoclásicos sobre las obras del jesuita aragonés, que tanto influyeron en el siglo XIX, muestra cómo la vuelta a Gracián tuvo un evidente impulso con Azorín y la generación del 98, a la zaga de la estimación de Schopenhauer y el gusto por la obra de Nietzsche, compartidos por Pío Baroja y Maeztu, entre otros.

El conocimiento inicial de los tratados del jesuita aragonés fue posible, como sabemos, gracias a las ediciones y traducciones de sus obras sueltas. Pero fueron las *Obras de Lorenzo Gracián* las que proyectarían su conjunto a través de una decena de ediciones, aparecidas en Madrid y Barcelona entre 1663 y 1700, incluida la de los Verdussen en Amberes, 1669.

Los impresores del siglo XVIII, pese a las reticencias y criticas aludidas que supuso para los neoclásicos el estilo de Gracián, siguieron publicando el conjunto de sus obras incluso en mayor medida, siendo sin duda estas el sustento de una crítica a dos luces, que valoraba su contenido y criticaba su elocución. La ausencia de ediciones de las *Obras* de Gracián en el siglo XIX corrió parejas con las críticas y silencios que representó el prolongado anticulteranismo dieciochesco, que también desterró al Góngora del *Polifemo* y de las *Soledades*. Aunque desde distintas perspectivas, uno y otro resucitaron a impulsos de la invención del Barroco a finales del siglo XIX que tanta influencia tendría también en las artes plásticas del siglo XX. Durante décadas, Gracián corrió sin embargo mejor suerte que el poeta cordobés, al ser reivindicado como filósofo.

El pasado siglo ofrecería, sin duda, la revitalización de su obra desde una perspectiva amplia, que lo ubicaría como un autor fundamental en los anales de la literatura española y universal, gracias a las ediciones y estudios de Morel-Fatio, Adolphe Coster, Cejador y Frauca, Arturo Farinelli, Miguel Batllori,

Ceferino Peralta, Ángel Ferrari, Miguel Romera-Navarro, Arturo del Hoyo, Evaristo Correa Calderón, Jorge Furt, Ricardo del Arco, Eduardo Forastieri, José Manuel Blecua, Gonzalo Sobejano, Sebastian Neumeister, María Soledad Carrasco y tantos otros que les precedieron y sucedieron. En esa larga cadena, cabe apuntar la susodicha valoración del conceptismo de Gracián por de R. O. Jones y A. A. Parker, abriendo un camino que iba más allá de la estilística vigente, fomentada por la Generación del 27.

El año 2001 marcó un antes y un después en la historiografía dedicada al jesuita aragonés, como apuntamos en "Baltasar Gracián en el alba de su IV centenario", recogido en *Bodas de Arte e ingenio. Estudios sobre Gracián* (Barcelona, Acantilado, 2014). Sobre su biografía y la recepción de sus obras, aportaron nuevas perspectivas los estudios recogidos en *Baltasar Gracián. Estado de la cuestión y nuevas perspectivas*, editados por Aurora Egido y María del Carmen Marín (Zaragoza, IFC, 2001, https://ifc.dpz.es/recursos/publicaciones/20/45/_ebook.pdf), así como el catálogo de la exposición dirigida por Ángel San Vicente, *Libros libres de Baltasar Gracián* (Zaragoza, Gobierno de Aragón, 2001). A estos, deben añadirse los congresos y ediciones de obras completas y sueltas, así como los numerosos estudios recogidos en la página "Baltasar Gracián", de la Biblioteca Virtual Miguel de Cervantes, dirigida por José Enrique Laplana y Luis Sánchez Laílla (https: www.cervantesvirtual.com/portales/baltasar_gracian), quienes han ido añadiendo, hasta el día de hoy, el panorama bibliográfico y crítico sobre la vida y la obra del jesuita aragonés. Más adelante, recogemos una bibliografía sucinta de los estudios recientes.

A los encuentros y congresos llevados a cabo en torno al cuarto centenario, cabe añadir también la amplia bibliografía contenida en la segunda edición de *El Criticón,* por Luis Sánchez Laílla, José Enrique Laplana y María del Pilar Cuartero (Zaragoza, IFC, 2023), así como la comprendida en los enlaces a los portales y revistas enumerados en la mencionada BVMC, dirigidos por Fermín Gil Encabo, Elena Cantarino, Emilio Blanco, Sagrario

López Poza y Antonio Bernat Vistarini, además de los que ofrecen el Instituto de Estudios Altoaragoneses y la Institución Fernando el Católico, que ha digitalizado varias ediciones y estudios gracianos (https://ifc.dpz.es/publicaciones/ver-coleccion/id/1). Sin olvidar los artículos publicados en *Conceptos. Revista de investigación graciana*, dirigida por Emilio Blanco y Elena Cantarino, 2004-2011, Universidade da Coruña, 1-8.

Las páginas precedentes sobre Baltasar Gracián se basan fundamentalmente en nuestros estudios preliminares a las ediciones facsímiles ya indicadas, así como a otras ediciones impresas, hechas a título personal o en colaboración con Luis Sánchez Laílla, Miguel Batllori y Carlos Vaíllo. Remitimos también a los trabajos que hemos dedicado al jesuita aragonés y a la literatura de su tiempo a lo largo de los años, que el lector podrá localizar fácilmente en los repertorios mencionados.

No obstante hemos tratado de hacer una revisión sobre Gracián y sus obras, eliminando el aparato crítico que sustentó nuestros trabajos anteriores, recogidos en Ángeles Ezama et *alii*, *La razón es Aurora. Estudios en homenaje a la profesora Aurora Egido* (Zaragoza, Institución Fernando el Católico, 2017, https;//ifc.dpz.es/recursos/publicaciones/36/11/_ebook.pdf). Posteriormente, hemos publicado los artículos: "Galdós y Rosalía de Castro: el sustrato alegórico de *La conjuración de las palabras,* entre *El caballero de las botas azules* y *El Caballero encantado"*, BILRAE 18, 202, pp. 31-74; "Baltasar Gracián en Zaragoza: razón y pasión", *Pasión por Zaragoza en el reino de los sentidos*, ed. de Eliseo Serrano *et alii*, Zaragoza, Diputación Provincial-Ibercaja, 2021, pp. 405-414; y "Las llaves del mundo y Baltasar Gracián", *Es el mejor libro del mundo, Homenaje a Giuseppe Grilli,* ed. de Maria Alessandra Giovannini y Camila Accetto, Nápoles, UniorPress, 2024, pp. 41-63.

En esta ocasión, hemos tratado de hacer una relectura de la vida y la obra de Gracián desde nuevas perspectivas críticas y sin ánimo de exhaustividad. También hemos añadido un amplio capítulo sobre la presencia de la filosofía moral, que consideramos inseparable del resto de las Humanidades y del desarrollo de los más diversos géneros literarios en los que esta se inserta.

Para la relación que hemos establecido entre el *Oráculo* y *El Criticón* con las obras mánticas de Plutarco, remitimos a la introducción de Francisca Pordomingo y Antonio Fernández en su edición de las *Obras morales y de costumbres* VI (Madrid, Gredos, 1995). Sobre la cuestión planteada acerca de los humores y Baltasar Gracián, remitimos a Felice Gambin, *Azabache. El debate sobre la melancolía en la España de los Siglos de Oro*, presentación de Aurora Egido y prólogo de Giulia Poggi (Madrid, Biblioteca Nueva, 2008).

Cuestión a tener en cuenta sería la de establecer la relación de Gracián con el teatro jesuítico, que hemos planteado respecto a *Obrar es durar* y a la aportación de Miguel Betti, *"Novum ver (Nueva primavera)". Una pieza jesuítica desconocida de Jerónimo Román de la Higuera* (New York, Idea, 2022).

Sobre la consideración de Goa como la Roma oriental en *El Criticón* y el posible paralelo entre Critilo y otros personajes como Manuel Gothino de Erédia, hemos partido de los trabajos recogidos en *Horizons orientaux des savoirs romains sur le monde du XVI siècle, Cuadernos de Historia Moderna* 48 (2) 2003, ed. de Elisa Andretta y Antonella Romano; y, especialmente, del artículo de Dejanirah Couto, "Rome vue de l´ Empire portugais. Manuel Gotinho de Erédia (1581-1623) et sa *Summa de Arvores e Plantas da Inda e intra Ganges"*.

Dichos estudios pueden completarse con el artículo anterior de Giuseppe Mazzocchi, "Una imagen de Goa: La *Navigatio* de John Huyghen van Linschoten", *Criticón*, 87-9, 2003, pp. 493-506), donde habló de cómo este autor holandés mostró las costumbres de Goa y el itinerario lusitano a la India, incluyendo numerosos grabados que se difundieron ampliamente por Europa desde 1593. Como hemos tratado de mostrar, ello abre nuevas posibilidades a la hora de analizar el itinerario de Oriente a Occidente en *El Criticón*, así como el origen de Critilo.

Esa y otras obras de Baltasar Gracián esperan, sin duda, nuevos lectores y críticos que la iluminen, como él mismo dijo en el *Oráculo*, de "hoy para mañana, y aun para muchos días".

BIBLIOGRAFÍA

PRIMERAS EDICIONES:

Baltasar Gracián, *El Héroe,* ed. facsímil del autógrafo (Ms. 6643 de la BN, y de la impresión de Madrid 1639 por Adolphe Coster, 1911), con un estudio preliminar de Aurora Egido (Zaragoza, Gobierno de Aragón-Institución Fernando el Católico, 2001).

—————————, *El Héroe* (Huesca, Juan Francisco de Larumbe, 1637). Publicada en facsímil con prólogo de Aurora Egido (Zaragoza, Institución Fernando el Católico, 2016).

—————————, *El Héroe* (Madrid, Diego Díaz, 1639), ed. facsímil con prólogo de Aurora Egido (Zaragoza, Institución Fernando el Católico, 2001).

—————————, *El Político don Fernando el Catolico* (Zaragoza Diego Dormer, 1640). Publicada en facsímil con prólogo de Aurora Egido (Zaragoza, Institución Fernando el Católico, 1985 y 2000), https://ifc.dpz.es/recursos/publicaciones/_ebook.pdf véase la edición facsímil de la segunda edición (Huesca, Juan Nogués, 1646), con prólogo de Francisco Ynduráin (Zaragoza, Institución Fernando el Católico, 1953).

—————————, *Arte de ingenio. Tratado de la agudeza* (Madrid, Juan Sánchez, 1642) ed. facsímil de Aurora Egido, (Zaragoza, IFC, 2005).

—————————, *El Discreto* (Huesca, Juan Nogués, 1646). Edición facsímil con prólogo de Aurora Egido (Zaragoza, Institución Fernando el Católico, 2001).

—————————, *Oráculo manual y arte de prudencia* (Huesca, Juan Nogués, 1647). Edición facsímil con introducción de Aurora Egido (Zaragoza, Institución Fernando el Católico, 2001).

—————————, *Agudeza y arte de ingenio* (Huesca, Juan Nogués, 1648), ed. facsímil con introducción de Aurora Egido (Zaragoza, Institución Fernando el Católico, 2007), https://ifc.dpz.es/recursos/publicaciones/25/95/_ebbok.pdf

—————————, *El Comulgatorio* (Zaragoza, Juan de Ybar, 1655). Edición facsímil con introducción de Aurora Egido (Zaragoza, Institución Fernando el Católico, 2003).

_____, *El Criticón. Primera parte en la primavera de la niñez, y en el estío de la juventud* (Zaragoza, Juan Nogués, 1651). Edición facsímil con un estudio preliminar de Aurora Egido (Zaragoza, Institución Fernando el Católico, 2009), vol. I, https://ifc.dpz.es/recursos/publicaciones/28/94/_ebook.pdf

_____, *El Criticón. Segunda parte. Juyziosa cortesana filosofía. En el otoño de la varonil edad* (Huesca, Juan Nogués, 1653. A costa de Francisco Lamberto. Mercader de Libros. Véndese en la carrera de San Gerónimo). Edición facsímil con un estudio preliminar de Aurora Egido (Zaragoza, Institución Fernando el Católico, 2009), vol. II, https://ifc.dpz.es/recursos/publicaciones/28/94/_ebook.pdf

_____, *El Criticón. Tercera parte. En el invierno de la vejez* (Madrid, Pablo de Val, 1657). Edición facsímil con un estudio preliminar de Aurora Egido (Zaragoza, Institución Fernando el Católico, 2009), vol. III, https://ifc.dpz.es/recursos/publicaciones/28/94/_ebook.pdf

OBRAS COMPLETAS:

_____, *Obras*, Madrid, Imprenta Real, a costa de Mateo de la Bastida, 1663.

_____, *Obras. Última impresión, más corregida y enriquezida de Tablas,* Madrid, Pablo de Val, a costa de Santiago Martín Redondo, 1664.

_____, *Obras completas* I, ed. de Miguel Batllori y Ceferino Peralta, Madrid, BAE, 1969.

_____, *Obras completas,* ed. de Evaristo Correa Calderón, Madrid, Aguilar, 1944.

_____, *Obras completas,* ed. de Arturo del Hoyo, Madrid, Aguilar, 1960.

_____, *Obras completas,* ed. de Emilio Blanco, Madrid, Turner, 1993.

_____, *Obras completas,* ed. de Luis Sánchez Laílla, introd. de Aurora Egido, Madrid, Espasa Calpe. Biblioteca de Literatura Universal, 2001.

_____, *Obras Completas,* ed. de Santos Alonso, Madrid, Cátedra, 2011.

Obras sueltas:

_____, *El Héroe. Oráculo manual y arte de prudencia,* ed. de Antonio Bernat Vistarini y Abraham Madroñal, Madrid, Castalia, 2003.

_____. *El Héroe, El Político, El Discreto, Oráculo manual y arte de prudencia,* ed. de Arturo del Hoyo, Barcelona, Planeta & Janés, 1986.

_____, *El Político don Fernando el Católico,* ed. de Luis Sánchez Laílla, introducción de Aurora Egido, Jaén, Almuzara, 2010.

_____, *Arte de ingenio. Tratado de la agudeza,* ed. de Emilio Blanco, Madrid, Cátedra, 2013.

_____, *El Discreto,* ed. de Miguel Romera-Navarro y Jorge M. Furt, Buenos Aires, Academia Argentina de Letras, 1959.

_____, *El Discreto,* ed. de Aurora Egido, Madrid, Alianza, 1997.

_____, *Oráculo manual y arte de prudencia,* ed. de Emilio Blanco, Madrid, Cátedra, 1997.

_____, *Oráculo manual y arte de prudencia,* ed. de Emilio Blanco, Madrid, Guillermo Escolar, 2020.

_____, *Agudeza y arte de ingenio,* ed. de Evaristo Correa Calderón, Madrid, Castalia, 1969, 2 vols.

_____, *Agudeza y arte de ingenio,* ed. de Jorge Ayala y José María Andreu Celma, Zaragoza, PUZ-IEA, 2004.

_____, *El Comulgatorio,* ed. de Evaristo Correa Calderón, Madrid, Espasa-Calpe, Clásicos Castellanos, 1977.

_____, *El Comulgatorio,* introducción de Aurora Egido, ed. de Luis Sánchez Laílla y notas de Miguel Batllori, Zaragoza, Prensas Universitarias de Zaragoza (Colección Larumbe), 2003.

_____, *El Criticón,* edición crítica y comentada de Miguel Romera-Navarro, Philadelphia, University of Pennsylvania Press, 1938-1940, 3 vols.

_____, *El Criticón,* ed. de Evaristo Correa Calderón, Madrid, Espasa-Calpe, 1971.

_____, *El Criticón,* ed. de Santos. Alonso, Barcelona, Atalaya, 1996.

_____, *El Criticón,* ed. de Elena Cantarino e introducción de Emilio Hidalgo Serna, Madrid, Espasa- Calpe, 1998.

_____, *El Criticón*, ed. de Carlos Vaíllo, introducción de Aurora Egido, colofón de Miquel Batllori, ilustrado por Carlos Saura, Barcelona, Galaxia Gutenberg, 2001.

_____, *El Criticón*, ed. de Luis Sánchez Laílla, y José Enrique Laplana. Anotación de María del Pilar Cuartero, José Enrique Laplana y Luis Sánchez Laílla, Zaragoza, IFC, 2016, 1ª ed., 2023, 2ª ed., 2 vols.

Relación del Socorro de Lérida por Baltasar Gracián, ed. de Samuel Gili Gaya, Lérida, Escuela Provincial, 1950, https://www.cervantesvirtual.com/obra/relacion-del-socorro-de-lerida

ESTUDIOS:

Andreu Celma, J. Mª, *Baltasar Gracián o la ética cristiana*, Madrid, Biblioteca de Autores Cristianos, 2008.

Baltar, E., *Pensamiento barroco español: filosofía y literatura en Baltasar Gracián*, Dykinson, 2021.

Baltasar Gracián: Antropología y estética (Actas del II Coloquio Internacional. Berlín, 4-7 de octubre de 2001), ed. de S. Neumeister, Berlín, Edition Tranvía, 2004.

Baltasar Gracián: Estado de la cuestión y nuevas perspectivas, coord. Zaragoza, ed. de A. Egido y Mª C. Marín Pina, Gobierno de Aragón, Institución Fernando el Católico, 2001, https://ifc.dpz.es/recursos/publicaciones/20/45/_ebook.pdf.

Baltasar Gracián. Tradición y modernidad (Actas del Simposio Internacional sobre Baltasar Gracián en el IV Centenario de su nacimiento), coords. J. San Martín y M. Ayala, Zaragoza, Diputación Provincial de Zaragoza, 2002.

Baltasar Gracián IV Centenario (1601-2001). Actas I Congreso Internacional «Baltasar Gracián: pensamiento y erudición» (Huesca, 23-26 de mayo de 2001), ed. de A. Egido, F. Gil Encabo y J. E. Laplana, Zaragoza-Huesca, Instituto de Estudios Altoaragoneses, Institución Fernando el Católico, Gobierno de Aragón, 2003. https://bibliotecavirtual.aragon.es/es/catalogo_imagenes/grupo.do?path=3713208

Baltasar Gracián IV Centenario (1601-2001). Baltasar Gracián IV Centenario (1601-2001). Actas II Congreso Internacional «Baltasar Gracián en sus obras» (Zaragoza, 22-24 de noviembre de 2001), ed. de A. Egido, Mª C. Marín Pina y L. Sánchez Laílla, Zaragoza-Huesca, Instituto de Estudios Altoaragoneses, Institución Fernando el Católico, Gobierno de Aragón, 2003.

Cerezo Galán, P., *El héroe de luto. Ensayos sobre el pensamiento de Baltasar Gracián*, Zaragoza, Institución Fernando el Católico, 2015.

Diccionario de conceptos de Baltasar Gracián, coords. Elena Cantarino y Emilio Blanco, Madrid, Cátedra, 2005.

Egido, A., *En el camino de Roma. Cervantes y Gracián ante la novela bizantina*, Zaragoza, Universidad de Zaragoza, 2005.

Egido, A., *Bodas de Arte e Ingenio. Estudios sobre Baltasar Gracián*, Barcelona, Acantilado, 2014.

Egido, A., *La búsqueda de la inmortalidad en las obras de Baltasar Gracián. Discurso leído el día 8 de junio de 2014 en su recepción pública por la Excma. Sra. D.ª Aurora Egido y contestación del Excmo. Sr. D. Pere Gimferrer*, Madrid, Real Academia Española, 2014. (https://www.rae.es/sites/default/files/Discurso_de_ingreso_Aurora_Egido.pdf).

El mundo de Baltasar Gracián. Filosofía y literatura en el Barroco, ed. de J. F. García Casanova, Granada, Universidad de Granada (Biblioteca de Bolsillo, 18), 2003.

Fernández Ramos, J. C., *Leviathan y la Cueva de la Nada: Hobbes y Gracián a la luz de las metáforas*, Barcelona, Anthropos, 2017.

Fumaroli, M., *La extraordinaria difusión del arte de la prudencia en Europa: el «Oráculo manual» de Baltasar Gracián entre los siglos XVII y XX*, traducción de José Ramón Monreal, Barcelona, Acantilado, 2019.

García Ferrer, Borja, *Baltasar Gracián: filósofo de la vida humana*, prólogo de José Luis Villacañas, Madrid, Guillermo Escolar Editor (Colección Euroamericana), 2023.

García Gibert, J., *Baltasar Gracián*, Madrid, Síntesis, 2002.

González Roldán, A., *Risa y llanto en los tratados de Gracián. De «El Héroe» a la «Agudeza y arte de ingenio»*, Valladolid, Universidad de Valladolid (Colección Fastiginia, 9), 2014. Y véase su tesis doctoral *El tópico de Heráclito y Demócrito en "El Criticón" de Baltasar Gracián*, Tesis doctoral, dirigida por Aurora Egido, Universidad de Zaragoza (2011).

Gracián: Barroco y modernidad, ed. de M. Grande y R. Pinilla, Madrid, Universidad Pontificia de Comillas-Institución «Fernando el Católico»-Diputación de Zaragoza, 2004.

Gracián hoy: la intemporalidad de un clásico, Cuaderno gris, número extraordinario 1, coords. A. Moraleja y J. L. López Aranguren, 2002.

Libros libres de Baltasar Gracián (Catálogo de la exposición bibliográfica, Edificio Pignatelli, 21 noviembre 2001-6 enero 2002), dir. Á. San Vicente, Zaragoza, DGA, 2001.

Los conceptos de Gracián. Tercer Coloquio Internacional sobre Baltasar Gracián en ocasión de los 350 años de su muerte (Berlín, 27-29 noviembre 2008), ed. de S. Neumeister, Berlín, Edición Tranvía-Verlag Wlater Frey, 2010.

Losada Palenzuela, José Luis, *Schopenhauer, traductor de Gracián. Diálogo y formación*, Valladolid, Universidad de Sevilla, 2011.

Moraleja Suárez, A., *Baltasar Gracián: forma política y contenido ético*, Oviedo, Eikasia, 2002.

Simposio «Baltasar Gracián y su época» (Calatayud, 6-8 noviembre 2013). Ponencias, Calatayud, Ayuntamiento de Belmonte de Gracián, 2014.

COLECCIÓN LETRAS de

Los guardianes de la Historia. La historiografía académica de la Restauración
Ignacio Peiró Martín

Presentación de **Juan José Carreras Ares**
Segunda edición, revisada y aumentada.
448 p., ISBN 84-7820-881-X
Año edición: 2006. Precio: 22,00 €

«Los guardianes de la Historia» aborda la historia del nacimiento y consolidación de la historiografía liberal española a lo largo del siglo XIX. En ese período se constituyó un modelo "académico" como representación de la realidad cultural creada por y para las "clases directoras" de la sociedad. Como el lector podrá comprobar, se trató de un espacio de liberales cultivados, escritores y políticos, monárquicos y conservadores, progresistas y republicanos, madrileños y de provincias, responsables de la "construcción de la historia nacional" y, en definitiva, de la elaboración de lo que debía ser la "cultura nacional" española.

Anarquismo y violencia política en la España del siglo XX
Julián Casanova

348 p., ISBN 978-84-7820-879-1
Año edición: 2007. Precio: 18,00 €

Este libro reúne diversos trabajos sobre anarquismo, revolución y violencia política publicados por Julián Casanova en los últimos veinte años. Casanova explora el concepto de anarquismo como ideología política y movimiento social y examina su auge y decadencia en la historia de España contemporánea. El análisis del anarquismo resulta así crucial para entender los conflictos sociales durante la República y la violencia y los fenómenos revolucionarios que formaron parte esencial de la guerra civil española.

Sin cinematografía no hay nación. Drama e identidad nacional española en la obra de Florián Rey
Marta García Carrión

180 p., ISBN 84-7820-786-2
Año edición: 2007. Precio: 12,00 €

Florián Rey es una figura tan relevante y conocida en la historia del cine en España como poco estudiada. La extraordinaria popularidad de sus obras, así como la calidad de su producción, le convirtieron en uno de los directores más significativos del cine español a lo largo de la primera mitad del siglo XX. En este libro, partiendo de una perspectiva teórica inspirada en la historia cultural y los renovados esdudios fílmicos, se plantea la necesidad de resituar el discurso de los filmes de Florián Rey en el contexto de la aparición y transformación de los discursos del nacionalismo español de las primeras décadas del siglo XX.

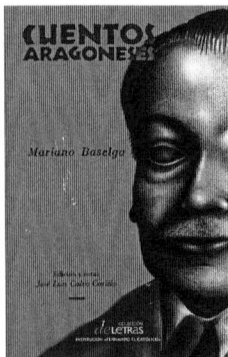

Cuentos aragoneses
Mariano Baselga

Edición y notas: **José Luis Calvo Carilla**

428 p., ISBN 978-84-7820-957-6
Año edición: 2008. Precio:20,00 €

Esta es la quinta edición de los "Cuentos aragoneses" de Mariano Baselga (1865-1938), que reúne su obra narrativa completa y que constituye un atractivo panorama de la sociedad aragonesa de la segunda mitad del siglo XIX: el aragonés fino de campo o de ciudad, el hortera y la molinera frescachona, el menestral, el ateo contumaz, el zafio ensotanado de misa y olla...

Jaime I el Conquistador. Imágenes medievales de un reinado
Marta Serrano Coll

312 p., il. b/n y color, ISBN 978-84-7820-946-0
Año edición: 2008. Precio: 15,00 €

Estas líneas ofrecen un estudio, exhaustivo y hasta hoy nunca abordado, de las figuraciones que del rey Jaime I fueron generadas en el transcurrir de la Edad Media. El recorrido en imágenes, más de sesenta que abarcan una horquilla cronológica que supera los doscientos años, brinda una visión del soberano en sus distintas facetas: desde las ceremonias que hacen al rey hasta su inclusión en las genealogías, series dinásticas que, a veces con tintes melancólicos, tuvieron como fin último evidenciar la gloria de una saga. La iconografía del Conquistador, bajo la cual se ocultan de forma más o menos velada amplios programas ideológicos a instancias de organismos oficiales o de la propia monarquía, denota un claro juicio favorable hacia su figura que, poco después de su llorado óbito, se vio envuelta en un halo legendario.

Los Sitios de Zaragoza
Louis-François Lejeune

Edición de **Pedro Rújula**

180 p., il., ISBN 978-84-7820-986-6
Año edición: 2009. Agotado.

Louis-François Lejeune (1775-1848) fue un oficial de las tropas imperiales francesas que participó en el segundo sitio de Zaragoza. También fue un reconocido pintor de batallas que llevó al lienzo algunos de los grandes momentos de las campañas napoleónicas. Hacia el final de su vida, aquel hombre que había sido testigo de los episodios más emblemáticos del Consulado y del Imperio, cambió los pinceles por la pluma y comenzó a escribir sus memorias. Con la perspectiva de los treinta años transcurridos, un recuerdo se impuso sobre el resto, el de las singulares semanas de combates vividas en el invierno de 1809 durante el ataque a Zaragoza. De allí surgiría *Los Sitios de Zaragoza* (1840), una obra nutrida de experiencia en la que recuperaba la excepcional intensidad del asedio y rendía homenaje a la obstinada resistencia que habían opuesto los zaragozanos.

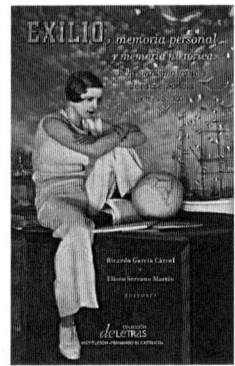

Exilio, memoria personal y memoria histórica. El hispanismo francés de raíz española en el siglo XX

García Cárcel, Ricardo; Serrano Martín, Eliseo (eds.)

322 p., il., ISBN 978-84-9991-009-7
Año edición: 2009. Precio: 18,00 €

Si emocionante resulta conocer las peripecias vitales de estos hispanistas, muy aleccionadora parece la coincidencia de todos ellos al resaltar la importancia de la escuela pública francesa, con su laicismo y su valoración del esfuerzo, que les permitió ir introduciéndose en las instituciones académicas de manera natural, sin estridencias ni complejos. La impronta del exilio español y sus relaciones con esos barrios de republicanos en los que se debatía de política de manera apasionada y el debate entre las dos patrias, Francia y España, son otros jalones de sus intensas vidas.

Artesanas de vida. Mujeres de la Edad Media

María del Carmen García Herrero

479 p., il., ISBN 978-84-9911-029-5
Año edición: 2009. Precio: 25,00 €

Se recogen aquí diferentes ensayos que versan sobre la vida y sobre las mujeres medievales, artesanas de la misma. Se exploran gestos de autoridad materna, fenómenos como el enamoramiento y la influencia femenina, se abordan las contribuciones del trabajo de las mujeres a las economías familiares, se visitan de nuevo las cámaras de parto y se repara en las representaciones de amor y cuidado entre mujeres. Algunas semblanzas históricas nos permiten conocer a las protagonistas, ya se trate de pintoras como Violante de Algaraví, de mujeres de negocios como Xemçi de Taher o Gracia Lanaja, de princesas santas como Orosia y Engracia o de las numerosas *mulieres religiosae* que vivieron en Zaragoza durante los siglos XIII-XVI. Una última parte del libro remite a costumbres y leyes de la Edad Media y a la consideración distinta de la feminidad y de las mujeres en diferentes momentos de ese período de la Historia.

Cuestión de memoria. Estudios sobre Ramón J. Sender, Luis Cernuda y Francisco Ayala

María Ángeles Naval

158 p., il., ISBN 978-84-9911-043-1
Año edición: 2010. Precio: 12,00 €

La presente obra reúne varios artículos dedicados a la memoria de la Guerra Civil española elaborada por Sender, Cernuda y Ayala, quienes vivieron el exilio republicano y cuyos textos plantean la dificultad de recordar y de asumir los crímenes de la Guerra Civil. Ese es el tema central de *La cabeza del cordero* de Ayala, o de la *Crónica del Alba* y *Monte Ondina* de Sender, mientras que *Desolación de la Quimera* de Cernuda observa las consecuencias del triunfo de Franco y reclama el recuerdo de la lucha.

COLECCIÓN **de LETRAS**

Misticismo y conspiración. Sor María de Ágreda en el reinado de Felipe IV
Ana Morte Acín

535 p., il., ISBN 978-84-9911-061-5
Año edición: 2010. Precio: 30,00 €

La correspondencia con Felipe IV, la *Mística Ciudad de Dios* y la bilocación en América son los tres pilares en los que se basa la imagen que de Sor María de Ágreda ha llegado a nuestros días. Esta imagen, sin embargo, no muestra la verdadera complejidad del personaje, ya que corresponde, en buena medida, a un modelo elaborado, fundamentalmente por parte de su orden, y cuyo proceso de construcción se analiza en este libro. De la mano de Sor María y su entorno se obtendrá una panorámica íntegra del reinado de Felipe IV, desde la vida cotidiana en la pequeña villa castellana hasta la alta política de la Corte, pasando por conspiraciones, guerras y episodios sobrenaturales.

Páginas de sueños. Estudios sobre los libros de caballerías castellanos
M.ª Carmen Marín Pina

401 p., il., ISBN 978-84-9911-117-9
Año edición: 2011. Precio: 28,00 €

Antiguos libros hallados en sepulcros y cuevas, valerosos caballeros y resueltas doncellas andantes, intrépidas amazonas y doncellas guerreras encontrará el lector en esta recopilación de ensayos sobre los libros de caballerías españoles del siglo XVI que pretende ofrecer una visión panorámica del género y estudiar con detalle algunos aspectos significativos de estas ficciones gustosas y artificiosas tan criticadas en su época y, a la vez, tan demandadas por un público ávido de acción, armas, amores, maravillas y fantasía. Junto a la definición y caracterización de un libro de caballerías se estudian aspectos tan diversos como el tópico de la falsa traducción, los cimientos de verdad de los primeros libros, la mitología, la función de las epístolas en el desarrollo de la trama, el nombre propio caballeresco, las figuras de la *virgo bellatrix* y la doncella andante o los monstruos híbridos.

Escritos sobre cine español: tradición y géneros populares
Pérez Rubio, Pablo; Hernández Ruiz, Javier

254 p., il., ISBN 978-84-9911-120-9
Año edición: 2011. Precio: 20,00 €

Podría existir una "línea general" del cine español: aquella que ha dado lugar a un celuloide que se ha hecho eco de los modelos culturales hispánicos, sobresaliendo entre ellos la vertiente populista de la que habían surgido el sainete, la zarzuela, el astracán y otros géneros menores, sin olvidar el flamenco o el cuplé. Esto ha conformado un modelo heterogéneo de una determinada manera de concebir el cine, que luego se vería engrosado por otras fórmulas, también populares, "de importación" como el *thriller* o el *western*.

Estéticas de la crisis. De la caída del Muro de Berlín al 11-S
Calvo Carilla, José Luis; Carabantes de las Heras, Isabel (coords.)

253 p., ISBN 978-84-9911-129-2
Año edición: 2011. Precio: 22,00 €

Este libro constituye una reflexión sobre los paralelismos y dependencias mutuas que tienen lugar entre los relatos políticos y sociológicos de la crisis y los específicos de la creación literaria. Los hitos que enmarcan los distintos trabajos contenidos en él se remontan a la caída del Muro de Berlín y llegan hasta la destrucción de las Torres Gemelas, a la que han seguido hasta el día de hoy conmociones y sobresaltos de notable resonancia. Con el comienzo del nuevo siglo se ha iniciado una ciclogénesis explosiva o "tormenta perfecta" propio de unos tiempos de incertidumbre y de descreencia en vaticinios esperanzadores, el cual está sumiendo en el desconcierto incluso a las mentes más lúcidas de la sociedad occidental.

Sau-mer-Aton (Los hijos de Atón)
Federico Torralba

Presentación de **G. M. Borrás** y **G. Fatás**

118 p., ISBN 978-84-9911-215-2
Año edición: 2013. Agotado.

La lectura de *El arte en Egipto hasta la conquista romana*, tomo tercero de la colección *Summa Artis* publicado en 1932 y sin duda uno de los mejores libros de historia del arte editados en España, fascinó hasta tal punto a un Federico Torralba que por aquel entonces contaba con diecinueve años que, tan solo unas semanas después, ya había escrito esta obra de juventud que aquí se edita por vez primera como homenaje de la Institución «Fernando el Católico» al que fue el primero de sus becarios y durante muchos años el *alma mater* de su sección de Historia del Arte.

Catolicismo y cine en España (1936-1945)
Fernando Sanz Ferreruela

581 p., il., ISBN 978-84-9911-221-3
Año edición: 2013. Precio: 42,00 €

Las relaciones entre la religión católica y el cine español entre 1936 y 1945 pueden estudiarse desde dos puntos de vista complementarios: la postura que la Iglesia española sostuvo en relación al Séptimo Arte, así como su evolución, que se plasmó en multitud de iniciativas, textos pastorales, artículos de opinión y críticas de estrenos en revistas católicas; y la trascendencia, el reflejo y el tratamiento de los temas extraídos de la tradición religiosa en la producción española de ficción. Todo ello permite comprender las motivaciones de la Iglesia en materia de gestión moral del cine, así como conocer las estrategias narrativas con las que se llevaron a las pantallas españolas los motivos propios de la religión católica.

Simbolismo, religiosidad y ritual barroco. La muerte en el siglo XVII
Pablo García Hinojosa
578 p., ISBN 978-84-9911-254-1
Año edición: 2013. Precio: 45,00 €

Este libro analiza la construcción y desarrollo de los complejos sistemas de representaciones, conductas y creencias que, a través de modelos imaginados y racionalizados, han tratado de buscar una explicación convincente ante la pérdida traumática y definitiva que supone el hecho ineludible de la muerte. El contexto cronológico del estudio se centra en el siglo XVII y se articula sobre tres ejes vertebradores: Simbolismo, religiosidad y rituales funerarios. El fenómeno religioso y sus creencias constituyeron el origen del proceso de la negación de la muerte. A partir de esta idea se elaboraron sistemas simbólicos destinados a controlar y atenuar este acontecimiento perturbador, actuando como medios de comunicación cultural a la vez que como instrumentos de dominación y de poder.

Ferdinandus Dei gracia Rex Aragonum. La efigie de Fernando II el Católico en la iconografía medieval
Marta Serrano Coll
232 p., il., ISBN 978-84-9911-295-4
Año edición: 2014. Precio: 30,00 €

Fernando II el Católico (1476-1516) ha sido uno de los reyes que más peso ha tenido en nuestra historia, y a él dedicó la IFC la única monografía que existía hasta el momento sobre sus representaciones figurativas, preparada por Enrique Pardo Canalís en 1963. No obstante, su papel como promotor artístico, tantas veces a la altura del protagonizado por su esposa Isabel, no siempre ha sido reivindicado por la historiografía tal y como se merece. Este volumen pone al día el citado estudio, incorporando una completa recopilación de las efigies medievales de Fernando II de Aragón que fueron elaboradas durante su reinado (sigilografías, monedas, miniaturas, pinturas y esculturas).

El dios heterodoxo
Andrés Ortiz-Osés
300 p., ISBN 978-84-9911-314-2
Año edición: 2014. Precio: 25,00 €

El dios heterodoxo proyecta una divinidad digna de su nombre, frente al viejo dios tradicional. Cambiar de dioses significa aquí cambiar de valores, en medio de la crisis global que padecemos. Esta revisión de nuestra mentalidad tradicional, se realiza en la primera parte de este libro a través de un recorrido que va de la religión a la ciencia, pasando por la literatura y la filosofía: desde los clásicos a Schopenhauer y Nietzsche, Cioran y Heidegger. En la segunda parte, se ofrece un brillante rosario aforístico de carácter crítico, en el que se exorcizan los denominados "demonios de nuestra cultura". Los cuales son en realidad los demonios de nuestra incultura, es decir, de nuestra incuria.

La obra narrativa de Javier Tomeo (1932-2013)

José Luis Calvo Carilla (Ed.)

304 p., ISBN 978-84-9911-320-3
Año edición: 2015. Precio: 30,00 €

La muerte de Javier Tomeo sesgó de modo brusco e inesperado la trayectoria de un narrador inagotable y de sorprendente y extraña originalidad. Como muestran las sugerentes colaboraciones que abren el primer bloque del volumen –debidas a Cristina Grande, Ismael Grasa y Antón Castro–, Tomeo, pese a su naturaleza de chamán solitario enfrascado en diseccionar los más arcanos recovecos y pulsiones del comportamiento humano, era a la vez un ser humano sensible, cercano y entrañable.
En la segunda parte los trabajos de un excepcional elenco de especialistas profundizan en la obra de Tomeo (su contexto histórico-literario y cultural, su "taller", su evolución como novelista...) y ofrecen novedosos análisis de la misma.

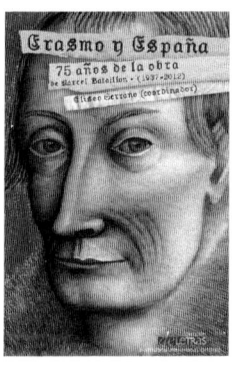

Erasmo y España
75 años de la obra de Marcel Bataillon (1937-2012)

Eliseo Serrano (coord.)

280 p., ISBN 978-84-9911-328-9
Año edición: 2015. Agotado.

En 1937 se publicó Erasmo y España, de Marcel Bataillon, que revolucionó los estudios sobre Erasmo y sobre la historia cultural y religiosa de España. Con motivo del 75 aniversario de la edición de una obra tan fundamental, la Institución Fernando el Católico de la Diputación de Zaragoza, apreciando el significado e importancia que tuvo el pensador holandés en la Zaragoza del siglo XVI, organizó, junto a otras instituciones, el Coloquio Internacional "Erasmo y España. 75 años de la obra de Marcel Bataillon. 1937-2012",
que congregó a expertos nacionales e internacionales en la obra de Erasmo y en las corrientes humanistas y religiosas de la época. Este libro es fruto de dicho coloquio.

Las edades de lo sagrado: Los milagros de Ntra. Sra. de Guadalupe y sus escrituras (siglos XV-XVII)

François Crémoux

352 p., ISBN 978-84-9911-329-6
Año edición: 2015. Precio: 36,00 €

En una pequeña pero reveladora parte de las relaciones de milagros del santuario de Nuestra Señora de Guadalupe (relatos de un manuscrito de hacia 1500, de una edición impresa del XVI y de otra del XVII) se puede seguir el proceso de evolución de la escritura milagrosa en sus aspectos dogmáticos y retóricos, que muestran estrategias de escritura muy diferentes y objetivos que
cambian con el paso del tiempo. Esta transformación, debida a la vez a las evoluciones de la institución eclesiástica y a la de los modelos intelectuales y estéticos de escritura, se analiza desde una triple perspectiva: retórica, histórica e ideológica.

La vida fragmentada. Experiencias y tensiones cotidianas en Zaragoza (siglos XVII y XVIII)
Juan Postigo Vidal
384 p., ISBN 978-84-9911-351-7
Año edición: 2015. Precio: 38,00 €

La vida cotidiana de la Zaragoza de los siglos XVII y XVIII estuvo cargada de poderosas imposiciones, de unas normas tan fuertes —unas veces escritas, otras no— que en ocasiones parecieron ser capaces de marcar a generaciones enteras de gentes sobre cuyos destinos ellos mismos no pudieron decidir nada. Pero los tiempos modernos fueron también tiempos de cambio, o de intentos de cambio por lo menos, la tensión social y el conflicto fueron elementos característicos de ese horizonte de lo "habitual", tan reglado y solo en apariencia plano que asociamos a la época de los Austrias y de los Borbones. El presente volumen aborda el complejo mundo de lo cotidiano, enfocándolo a través de las experiencias que vivieron los propios protagonistas de la época.

Fiesta caballeresca en el Siglo de Oro Estudio, edición, antología y catálogo
Jimena Gamba Corradine
320 p., ISBN 978-84-9911-411-8
Año edición: 2017. Precio: 24,00 €

Este libro aborda el tema de la fiesta caballeresca en el Siglo de Oro desde una perspectiva teórica e histórica. Contiene la edición de dos relaciones del torneo zaragozano de 1630 (de Felices de Cáceres y, posiblemente, de Antonio Hurtado de Mendoza), una selección de textos (carteles y relaciones) y un catálogo de esta «caballería de papel» que comprende documentos desde 1527 hasta 1658. El paulatino control de la violencia en torneos y justas corre paralelo a la espectacularización de estas fiestas, lo que implica la introducción de elementos cómicos y maravillosos, así como la aparición de nuevos formatos festivos.

Risa y géneros menores
Luis Beltrán Almería; Claudia Gidi; Martha Elena Munguía (coords.)
176 p., ISBN 978-84-9911-436-1
Año edición: 2017. Agotado.

Los géneros menores de la risa son solo menores en virtud de la consideración que han recibido por gran parte de los estudios lingüísticos y literarios. En las últimas décadas, la antropología ha dedicado abundantes tratados a los géneros del cotileo (gossip) por considerarlos clave para el desarrollo de nuestra humanidad. A pesar de ello, siguen haciendo falta análisis desde la estética. Este volumen acoge la vertiente literaria de estos géneros, que van desde la burla, la parodia o los recuerdos personales, a la anécdota, la carta, y la poesía y el teatro populares.

Los jóvenes en la Baja Edad Media. Estudios y Testimonios
María del Carmen García Herrero
448 p., ISBN 978-84-9911-475-0
Año edición: 2018. Precio: 20,00 €

En este libro la mirada está focalizada en los varones jóvenes. Después de mostrar la importancia de la juventud como etapa vital, se realiza una aproximación a la misma desde fuentes literarias, con especial atención a las obras de Don Juan Manuel, pero también desde fuentes médicas, sinodales y catequéticas, que reflejan algunos de los peligros que acechaban a los muchachos. Mediante el estudio de documentos inéditos de extraordinario interés, conoceremos las asociaciones juveniles del bajo Medievo de Aragón, sus estatutos y organización interna, así como sus funciones, y los contratos que protagonizaron los jóvenes y los juglares a los que pagaron para amenizar los domingos y fiestas, así como momentos relevantes de sus vidas: esponsales, matrimonios, bodas o misas nuevas.

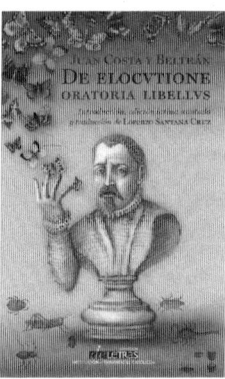

De elocutione oratoria libellus, de Juan Costa y Beltrán
Lorenzo Santana Cruz (Introducción, edición latina anotada y traducción)
288 p., ISBN 978-84-9911-496-5
Año edición: 2018. Precio: 22,00 €

Escondido a las miradas de la investigación retórica en los anaqueles de bibliotecas de Zaragoza y Barcelona, el *De elocutione oratoria libellus* de Juan Costa y Beltrán no ve la luz hasta comienzos de los años 90, cuando pude descubrirlo casualmente en la Biblioteca Universitaria de Zaragoza. Concebido como un manual para sus alumnos, se publicó en Barcelona en 1572. En él se comprenden las normas básicas de la elocución retórica, con abundancia de ejemplos tomados de los clásicos, de Cicerón y de Virgilio en su mayor parte.

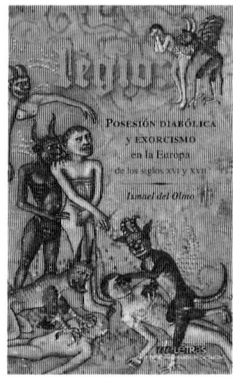

Legio: Posesión diabólica y exorcismo en la Europa de los siglos XVI y XVII
Ismael del Olmo
504 p., ISBN 978-84-9911-526-9
Año edición: 2018. Precio: 40,00 €

A través del prisma de la posesión diabólica y el exorcismo, este libro propone estudiar diversos aspectos de la historia intelectual y cultural de España, Italia, Inglaterra y Francia durante la primera Modernidad. El enfrentamiento entre católicos y reformados, los debates entre la demonología escolástica y las filosofías naturales aristotélica y mecanicista, la historia de la incredulidad y en general las discusiones respecto de los límites entre lo natural y lo sobrenatural son algunos de los procesos analizados en este volumen.

La Inquisición en Cerdeña. El proceso de Julia Carta
Tomasino Pinna
420 p., ISBN 978-84-9911-558-0
Año edición: 2019. Precio: 30,00 €

A partir de la transcripción y el análisis de la documentación del Archivo Histórico Nacional referida al proceso inquisitorial seguido contra una mujer de la isla entre 1596 y 1597 *La Inquisición en Cerdeña. El proceso de Julia Carta* describe los modos de vida y el sistema de relaciones internas de las clases sociales subalternas en los territorios periféricos del Imperio español del siglo XVI. También analiza el complejo entramado organizativo y represivo de la Inquisición española en la isla de Cerdeña tras la renovación ideológica y programática que supuso el Concilio de Trento. Pero especialmente narra la peripecia procesal de Julia Carta, una mujer de condición social humilde y de escasísimos recursos económicos, acusada de hechicería y herejía.

Zaragoza 1564. El año de la peste
Francisco José Alfaro Pérez

152 p., ISBN 978-84-9911-570-2
Año edición: 2019. Precio: 27,00 €

La peste que asoló Zaragoza el año 1564 fue una de las epidemias más mortíferas de la historia de la ciudad. Cuantificar el número de decesos es imposible, pero sin duda fueron varios los miles de habitantes fallecidos en los apenas seis meses que duró. Este estudio no solo analiza su incidencia real, sino también los comportamientos de su servicio sanitario, de su elite local, de sus héroes –anónimos y conocidos–, e incluso determinados usos menos honrosos por parte de quienes trataron de sacar beneficio de la desgracia o la ingratitud de algunas instituciones municipales y su consiguiente conflicto social. El autor forma parte del proyecto de investigación "Del concejo a la familia en el Aragón moderno".

Roque Alberto Faci (1684-1774). Una biografía cultural en el Aragón del s. XVIII
Cristina Gimeno-Maldonado

358 p., ISBN 978-84-9911-579-5
Año edición: 2019. Precio: 37,00 €

Las facetas culturales y religiosas del siglo XVIII hispánico y aragonés siguen concitando debates en la historiografía reciente. Analizada como centuria de lento declive del Barroco autóctono o como período de apertura a las directrices modernizadoras y secularizantes de la Ilustración europea, el siglo se hace todavía más complejo dialécticamente desde el análisis de la cultura y de la religiosidad en sus dimensiones más concretas. Este libro plantea nuevas preguntas y esboza interpretaciones originales sobre estas controversias, a partir de la biografía del fraile carmelita aragonés Roque Alberto Faci (1684-1774).

Ensayos sobre el poder y sus resistencias en la historia universal. La espuma de las olas

Juan Postigo Vidal

175 p., ISBN 978-84-9911-615-0
Año edición: 2020. Precio: 16,00 €

El presente volumen recoge treinta y siete ensayos que giran en torno a una idea común: el influjo del poder sobre las vidas de la gente en sus más variadas vertientes, y los modos que los individuos encontraron para adaptarse a los órdenes que les venían dados "desde arriba", para evadirse de ellos o para combatirlos proponiendo modelos de convivencia alternativos y mejores. Estos artículos fueron publicados previamente en la web de El Periódico de Aragón entre noviembre de 2018 y enero de 2020. El rótulo de "La espuma de las olas" con el que quedan enmarcados nos remite al gran historiador Fernand Braudel.

Palabras del más aquí y del más allá. Teresa de Ávila, sus primeros biógrafos y el diseño de la santidad católica en la Europa de la Contrarreforma (1562-1614)

Facundo Sebastián Macías

549 p., ISBN 978-84-9911-650-1
Año edición: 2022. Precio: 34,00 €

¿Cuánto depende la etiquetación de la santidad de la persona catalogada como tal o de aquellos que la interpretaron en vida y en muerte? Y quienes la interpretan, ¿qué dejan de sí mismos en el proceso? ¿La figura de la santidad supone un modelo de conducta sin fisuras o esconde algo más detrás de esa apariencia superficial? El presente libro intenta responder a estos y otros interrogantes a partir de un estudio detallado sobre Teresa de Ávila a partir de dos momentos: el de su vida y el de sus vidas.

Don Alonso de Aragón, un príncipe con mitra. Familia, Iglesia y política en la España del Renacimiento

Jaime Elipe

358 p., ISBN 978-84-9911-665-5
Año edición: 2023. Precio: 21,00 €

Esta obra es la revisión de la tesis doctoral de su autor sobre la figura y familia del arzobispo de Zaragoza don Alonso de Aragón. Recorren sus páginas una galería de los principales retratos de quienes fueron protagonistas, algunos de ellos desconocidos hasta el momento, de la política del Rey Católico. El retrato principal es el del propio prelado, persona angular en este estudio que permite conocer mejor los entresijos del poder, en especial el incipiente poder virreinal y el control caso omnímodo que consiguió establecer en las distintas instituciones forales. Su largo pontificado, a caballo entre la Edad Media y los comienzos de la modernidad, se emplaza en lo que hace años se calificó de período de "penumbra".